Rudolf W. Butz

LA LIGNE DES CEVENNES
DIE CEVENNENBAHN
Südfrankreich

Rudolf W. Butz

LA LIGNE DES CEVENNES

DIE CEVENNENBAHN

Südfrankreich

OTT VERLAG THUN

© 1987 by Editions Ott Thoune
Tous droits réservés, y compris expressé-
ment les droits de traduction, d'adapta-
tion en d'autres langues, de la reproduction d'extraits, de la production de copies
par photocopies, microfilms, copies
Xerox et autres méthodes similaires, par
cartes perforées ou par quelque méthode
de traitement de données que ce soit, ou
par regroupement dans un autre ordre
des termes ou d'une partie des termes
sous quelque forme que ce soit.
Imprimé en Suisse
Composition et impression:
Editions Ott Thoune

ISBN 3-7225-6335-6

© 1987, Ott Verlag, Thun
Alle Rechte, auch die des auszugsweisen
Nachdrucks, der fotomechanischen
Wiedergabe, Übersetzung, vorbehalten.
Printed in Switzerland
Satz und Druck:
Ott Verlag + Druck AG Thun

CIP-Kurztitelaufnahme der
Deutschen Bibliothek

Butz, Rudolf W.:
La ligne des Cevennes –
Die Cevennenbahn
Rudolf W. Butz. – Thun: Ott, 1987.
ISBN 3-7225-6335-6

Photo de couverture:

Le Cévenol, Paris–Clermont-Ferrand–
Nîmes, sur le viaduc de Luëch près
Chamborigaud.
12. 6. 1984

Titelbild:

Der Cévenol, Paris–Clermont-Ferrand–
Nîmes, auf dem Viadukt über den Luëch
bei Chamborigaud auf der Südrampe der
Cevennenbahn.
12. 6. 1984

Photo de couverture arrière:

Le Cévenol en direction de La Bastide–
Clermont-Ferrand, avec autorail
panoramique en tête. En aval du tunnel
de Pourcharesse, avec le lac artificiel de
l'Altier en amont de Villefort.
16. 6. 1976

Rückseitenbild:

Autorail Panoramique an der Spitze des
Cévenol Richtung La Bastide-Clermont-
Ferrand, unterhalb des Tunnel de
Pourcharesse. Altier-Stausee oberhalb
Villefort.
16. 6. 1976

TABLE DES MATIERES
INHALTSVERZEICHNIS

DE LA CREATION DE CE LIVRE

ZUR ENTSTEHUNG DIESES BUCHES

C'était par une journée exceptionnellement claire, à l'air pur et au soleil brillant en août 1969 que, accompagné par mon épouse, je fis le voyage sur la ligne des Cévennes pour la première fois. Je fus ravi! Comment peut-on, le lendemain par un temps aussi brillant, chercher une bibliothèque au centre de la ville du Puy? Je la trouvai, demandai de la littérature sur les chemins de fer du Massif Central et j'obtins l'ouvrage de Mme R. Caralp-Landon. Cette lecture fut particulièrement fascinante et je m'en séparai seulement pour faire dans l'après-midi la visite de la ligne jamais achevée du Puy à Lalevade-d'Ardèche dont je n'avais qu'une connaissance diffuse jusqu'ici. Et voici ma deuxième découverte! Et une troisième encore, non ferroviaire celle-ci: le charme du paysage de la région de la source de la Loire et de ses premiers affluents, située au pied du Gerbier de Jonc, volcan inactif dont le sommet offre une vue splendide s'étendant jusqu'au Mont Blanc les jours les plus clairs.

Je fus rendu attentif à la ligne des Cévennes par l'ouvrage «Gebirgsbahnen Europas» (Chemins de fer de montagne européens) d'Ascanio Schneider, édité en 1963 par Orell Fussli à Zurich. D'après le matériel photographique un peu modeste dans cette première édition je fus toutefois d'avis que la ligne des Causses (Neussargues–Béziers), plus ou moins parallèle à la ligne des Cévennes mais située plus à l'ouest du Massif Central, était encore plus intéressante, avec son viaduc géant à Garabit. Mais une description détaillée d'un voyage sur la ligne des Cévennes en autorail panoramique dans «Eisenbahnferien in Frankreich» (Vacances ferroviaires en France) de George Behrend (Orell Fussli, Zurich, 1967) me donna le désir de voir sur place. Mes premiers contacts avec les deux lignes me confirmèrent que la ligne des Causses était en fait très intéressante, malgré quelques passages de plateaux assez monotones, mais que, pour les beautés des paysages et la magnificence des ouvrages d'art dans leur ensemble, la couronne revenait à la ligne des Cévennes.

A partir de 1970, je fis de nombreux voyages de vacances, armé de mes appareils photographiques, dans le Massif Central et sur la ligne des Cévennes en particulier, avec ma femme et une fois avec mes deux enfants. Il va de soi que ces vacances n'étaient pas consacrées seulement à l'attente des trains peu nombreux dans des coins perdus. Cela n'aurait été d'aucun plaisir pour mes compagnons de voyage. Par conséquence, nous fîmes la connaissance de lieux très intéressants dans une région touristique peu connue des non-français. Nous montâmes plusieurs centaines de marches pour atteindre la fa-

Es war ein schöner Tag von seltener Klarheit im August 1969, als ich, zusammen mit meiner Frau, die Cevennenlinie zum ersten Mal befuhr und begeistert war. Wie kann man nur am anderen Morgen bei ebenso schönem Wetter in Le Puy eine Bibliothek aufsuchen? Ich tat es, erkundigte mich nach Literatur über Gebirgsbahnen im Zentralmassiv und erhielt die Arbeit von Frau Caralp-Landon, eine fesselnde Lektüre! Ich kam schliesslich nur weg davon, weil ich mich entschloss, noch gleichentags die im Buch ebenfalls erwähnte, unvollendete Linie von Le Puy nach Lalevade-d'Ardèche aufzusuchen. Dies war eine zweite Entdeckung, und es folgte eine dritte: Die überaus liebenswerte Landschaft im Velay, am Oberlauf der Loire und ihrer Zuflüsse sowie an der Loirequelle am Gerbier de Jonc, einem erloschenen Vulkan, von welchem der Blick bei klarem Wetter bis zum Montblanc reicht.

Auf die Cevennenbahn wurde ich erstmals aufmerksam durch das Standardwerk «Gebirgsbahnen Europas» von Ascanio Schneider, dessen erste Auflage 1963 im Orell Füssli Verlag in Zürich erschienen ist. Aufgrund des damaligen Bildmaterials in jener Ausgabe schien es allerdings, dass die weiter westlich gelegene «Ligne des Causses» (Neussargues–Béziers) mit dem berühmten Viaduc de Garabit die interessantere Linie sein könnte. Das Buch «Eisenbahnferien in Frankreich» von George Behrend (1967 ebenfalls bei Orell Füssli erschienen) enthielt dann aber eine so faszinierende Beschreibung einer Fahrt über die Cevennenbahn im Panoramatriebwagen, dass ich mich zu einem Augenschein entschloss. Die erste Fühlungnahme mit beiden Linien, wie erwähnt im August 1969, bestätigte dann rasch, dass in bezug auf landschaftliche und bauliche Schönheiten der Cevennenlinie die Krone gebührt.

Ab 1970 folgten Ferien- und Fotoreisen im Zentralmassiv, nicht nur an der Cevennenlinie allein. Auf den Ferienreisen war in der Regel meine Frau, einmal die ganze Familie, mit von der Partie. Selbstverständlich dienten solche Ferien nicht nur der Lauer auf die gar nicht so häufig verkehrenden Züge. Dies wäre für die Mitreisenden doch eine Zumutung gewesen! Vielmehr haben wir eine vielgestaltige Ferienregion kennengelernt, die man ausserhalb Frankreichs viel zu wenig kennt. Wir sind in Le Puy über hunderte von Treppenstufen zur Kapelle St-Michel d'Aiguilhe hinaufgestiegen, die im elften Jahrhundert auf dem Schlot eines längst erloschenen Vulkanes erbaut worden ist. Wir haben über die Fruchtbarkeit des Ackerlandes selbst auf Höhen von mehr als 1000 m gestaunt, in Höhen, in welchen in den Schweizer Voralpen die Graswirtschaft

meuse chapelle de St-Michel-d'Aiguilhe au Puy, construite au onzième siècle sur le dyke d'un volcan éteint dont les déjections les moins dures furent enlevées par l'érosion depuis longtemps. Nous fûmes surpris par la fertilité du terrain volcanique situé à une altitude à laquelle dans les Préalpes suisses on trouve des prés et des pâturages seulement. Nous admirâmes les petits lacs de forme circulaire, de quelques centaines de mètres de diamètre, dont l'origine est due à l'explosion des gaz volcaniques ramassés sous terre. En montant au sommet du Gerbier de Jonc, ce fut à nous d'éviter d'être touchés par des pièces de phonolithe mises en mouvement par des touristes imprudents au-dessus de nous. Nous découvrîmes cette région appelée aussi «le toit de la France» pour son point commun entre les trois bassins hydrologiques de la Loire, du Lot (Garonne) et du Rhône. Impossible de déterminer la situation exacte de ce point qui, en fait, ne se trouve pas sur un sommet, mais dans le Causse de Montbel, une plaine quasi horizontale non loin du point culminant de la ligne des Cévennes, facilitant l'écoulement souterrain des eaux par des gouffres innombrables.

Plus à l'ouest, nous vîmes les Causses, ces plaines fascinantes dans le terrain calcaire, interrompues par des vallées profondes. Je veux mentionner les Gorges du Tarn notamment, entre lesquelles l'érosion a protégé des montagnes à couches entièrement horizontales de forme bizarre. Nous visitâmes aussi des cavernes immenses dans les Causses, comme les Avens d'Orgnac ou Armand. Dans beaucoup de localités, nous découvrîmes des bâtiments intéressants, des châteaux ruinés ou non, des églises remarquables: la trappe de Notre-Dame-des-Neiges non loin de La Bastide, qui produit, malgré son nom hiver-

nal, un vin excellent (cultivé beaucoup plus bas), la magnifique église abbatiale de La Chaise-Dieu avec ses gobelins de grande réputation et avec sa pièce de confession dont l'architecture assurait une acoustique si parfaite qu'elle servait à la confession des lépreux autrefois, ceux-ci et le confesseur se plaçant diagonalement dans deux coins et parlant chacun en direction de son coin. Nous vîmes aussi les terrains forestiers cohérents les plus grands de la France, situés autour de cette belle localité.

Nous trouvâmes un très bon accueil et un bon contact avec d'autres familles dans les hôtels simples et propres de la région. Nous dégustâmes les spécialités parfois rudes de la cuisine régionale ainsi que les vins du terroir. Nous appréciâmes les confiseries variées et les liqueurs produites dans la région ainsi que les confitures-gelées de Langogne, et, au Puy, nous achetâmes un type de fromage dont la croûte était formée de mites tout à fait vivantes, accoutumées à conquérir chaque surface nouvellement coupée avec une rapidité stupéfiante, sans tenir compte des compagnons de lutte tués ou grièvement blessés par le couteau.

Nous fûmes impressionnés par la splendeur jaune des champs de genêts immenses avec leur odeur parfois étouffante, ainsi que par le charme des arbres fruitiers en pleine fleur les jours de Pâques – une fois, la récolte des cerises était en cours les jours de Pentecôte.

Quelques voyages consacrés à la photographie, de préférence lors de weekends prolongés, furent faits par l'auteur seul, en chemin de fer et à pied, et une fois en combinaison avec l'avion entre Zurich et Paris et retour avec correspondance du train de nuit à Paris. C'étaient des voyages sans voiture, des marches longues et solitaires dans les parties de la ligne éloignée du réseau routier, révé-

vorherrscht. Wir haben die kreisrunden Seen mit einigen hundert Metern Durchmesser kennengelernt, die durch Explosion vulkanischer Gase entstanden sind, und die in der Eifel in Mitteldeutschland, wo es sie auch gibt, Maare genannt werden. Beim Ersteigen des bereits erwähnten Gerbier de Jonc bemühten wir uns mit Erfolg, keine der zu tausenden lose herumliegenden Phonolithplatten an den Kopf zu bekommen, auch dann nicht, wenn ein weiter oben befindlicher, ungeschickter Tourist eine gelöst hatte. Wir haben aber auch die Gegend kennengelernt, die auch «Dach Frankreichs» genannt wird, weil sich dort die Einzugsgebiete von Loire, Rhone und Lot (Garonne) treffen, und wir haben diesen Punkt in der Landschaft vergeblich gesucht, weil er sich nicht auf einer Bergspitze befindet, sondern auf einer verkarsteten Kalkhochfläche, von welcher das Wasser auf unzähligen Wegen unterirdisch abfliesst.

Weiter westlich haben wir die Causses kennengelernt, jene faszinierenden Kalkhochflächen, zwischen denen die Erosion merkwürdige, völlig horizontal geschichtete Tafelberge stehengelassen hat, während sich die berühmten Gorges du Tarn hunderte von Metern tief eingeschnitten haben. Wir haben so interessante Höhlensysteme besucht wie das Aven Armand oder das Aven d'Orgnac.

Wir haben in zahlreichen Dörfchen interessanten Bauten, vor allem Kirchen, entdeckt, bei La Bastide das Trappistenkloster «Notre Dame des Neiges» besucht, welches trotz seines Namens einen guten (weiter unten gezogenen) Landwein keltert, und in La Chaise-Dieu die einzigartige Kirche mit ihren berühmten Gobelins gesehen und uns persönlich davon überzeugt, wie vorzüglich die Akustik im dortigen Beichtraum für Aussätzige ist. Und in der Umge-

bung dieser Ortschaft haben wir die grössten zusammenhängenden Wälder Frankreichs kennengelernt.

Wir haben in einfachen, sauberen Hotels Anschluss an andere Familien gefunden, in einfachen Restaurants oft recht derbe regionale Spezialitäten versucht und gute Landweine dazu getrunken. Wir haben die hervorragenden Confiseriewaren entdeckt, die in der Region hergestellt werden, und die Konfitüren-Gelées von Langogne, und schliesslich haben wir in Le Puy einen Käse erstanden, dessen Rinde aus lauter lebenden Milben bestand, deren Gewohnheit es war, über die beim Herausschneiden eines Stückes getöteten oder schwer verletzten Tiere hinweg die frischen Schnittflächen in atemberaubendem Tempo in Besitz zu nehmen.

Wir haben uns im Frühsommer an den weiten, blühenden Ginsterflächen mit ihrem oft geradezu betäubenden Duft gefreut, aber auch zur Osterzeit an der Obstbaumblüte weiter unten; anlässlich der nächsten Fotoreise an Pfingsten wurden am gleichen Ort die aus den Blüten entstandenen Kirschen geerntet. Eine Anzahl von Fotoreisen führte ich allein durch, vorzugsweise an verlängerten Wochenenden, wobei ich dann mit der Bahn anreiste, einmal in Verbindung mit einem Flug nach Paris, um einen Nachtschnellzug Richtung Cevennen zu erreichen, an welchen der TGV keinen Anschluss bot. Auf Fotoreisen ohne Auto folgte ich mit Bewilligung der SNCF langen Streckenabschnitten zu Fuss, was besonders dann vorteilhaft ist, wenn die Standortwahl eine intensive Auseinandersetzung mit den Eigenheiten der Landschaft erfordert. Ausserdem verlaufen Abschnitte der Cevennenbahn fernab jeglicher fahrbarer Strassen; in solchen Fällen ist man ohne Auto unabhängiger. An solchen Abschnitten waren, oft unter längeren Pas-

lant des paysages qui justifient une étude approfondie (de leur caractère). C'étaient des passages par des tunnels absolument sombres, c'était une pluie battante ou un froid de moins vingt degrés, accompagné d'un vent violent; mais c'était le plus souvent un soleil plein de chaleur sur les pentes exposées au sud-ouest particulièrement, fréquentes sur cette ligne. Une grande bouteille de bière rendit de bons services, alourdissant momentanément le poids des bagages mais se vidait trop vite, son contenu final étant, toutefois, bien tempéré… Quelle situation délicate à l'entrée d'un tunnel long, impossible à éviter sans faire demi-tour, lorsque la pile électrique de la lampe s'avéra vide en raison d'un déclenchement inopiné dû à certain mouvement dans les bagages, tandis que celle de remplacement s'était perdue dans le terrain! Un grand merci encore à ce brave autorail qui tua un sanglier (ou un chien?) dans le tunnel de Pourcharesse en amont de Villefort avant mon passage déjà; une telle rencontre dans l'obscurité n'aurait sans doute pas été appréciée.

Il va de soi que l'appareillage photographique, dans ces conditions, doit être aussi léger que possible. La majorité des photos en noir et blanc fut faite avec un Rolleiflex T muni d'un masque 4×5,5 cm, le changement de pellicule un peu compliqué de ce système se faisant après 16 vues au lieu de 12. Cet appareil n'ayant que l'objectif normal, un Nikon F 2 entièrement mécanique avec deux objectifs télé fut très utile. Pour les diapos, une Agfa Ambi Silette légère mais robuste, complétée par un grand angle et un petit télé fut utilisée normalement. Quelques diapos 4×5,5 cm furent faites avec le Rollei déjà mentionné, pour la photo de couverture notamment. Quelques diapos 4×4 cm étaient pris par une Agfa Isoly, appareil assez simple.

Les films noirs et blancs proviennent des maisons Ilford et Agfa, ce dernier producteur fournit aussi le matériel pour les diapos. Il est étonnant, mais vrai, que la plupart des diapos publiés dans ce livre soient en fait de format 24×36 mm seulement, et qu'aucun changement de couleurs ne se soit produit, même pour des diapos âgés de 20 ans. Pour l'orthographe des noms des localités, les indicateurs officiels de la SNCF me servirent de base. Un grand nombre d'informations topographiques furent prises dans la littérature existante ainsi que sur les cartes topographiques de l'Institut Géographique National (IGN). Pour les tunnels, la vérification de l'orthographe des dénominations ainsi que de la longueur fut facilitée par les affiches placées à l'entrée de ceux-ci il y a quelques années, la vitesse réduite sur la ligne rendant possible une vérification approximative.

La réalisation de ce livre pour lequel les premières prises de vue se firent en 1969 déjà, fut retardée par la présence accordée aux lignes ferroviaires destinées à être fermées au service voyageurs avant 1975 (dont une partie a été conservée après la crise pétrolière de 1973), et par la réalisation de plusieurs autres livres (Chemins de fer des Alpes françaises, Ligne du Col de Tende, réédition du livre sur la signalisation ferroviaire en Suisse, participation à plusieurs autres ouvrages). Ce livre n'offre pas le romantisme de la vapeur mais, grâce au retard, contient des photos de l'époque du diesel devenues historiques déjà, parmi lesquelles celles des autorails panoramiques, disparus entre-temps, revêtent un intérêt particulier: vu ces photos furent prises lorsque la passion ferroviaire n'était pas aussi populaire que dix ans plus tard, et lorsqu'une minorité d'amateurs du rail se consacrait à la traction diesel.

sagen durch stockfinstere Tunnels, die besten Fotostandorte zu suchen, zuweilen im Regen, einmal bei 20 Kältegraden und bissigem Wind, meistens aber bei Sonne und dementsprechender Hitze. Eine grosse Flasche Bier im Gepäck erhöhte zwar das Gewicht, leistete aber gute Dienste, solange sie nicht leer war, abgesehen davon, dass der Inhalt nach einiger Zeit jeweils recht temperiert war. Neckische Situationen ergaben sich, wenn es sich an einem Tunneleingang herausstellte, dass die im Gepäck mitgenommene Taschenlampe durch einen Stoss angeknipst worden und die Batterie deshalb verbraucht war. Einmal, beim Durchqueren des Tunnel de Pourcharesse oberhalb Villefort, war ich einem unbekannten Triebwagen sehr dankbar dafür, dass er ein Wildschwein (oder einen Hund) bereits überfahren hatte, bevor ich in den Tunnel eindrang, so dass es in der Dunkelheit nicht zu einer durchaus unerwünschten Begegnung mit diesem Vieh kam.

Unter den beschriebenen Umständen darf die Fotoausrüstung nicht zu schwer sein. Die Schwarzweissaufnahmen entstanden zum grossen Teil mit einer älteren Rolleiflex T, deren Maskensatz für das Format 4,5×6 cm es ermöglichte, den etwas umständlichen Filmwechsel nach 16 statt nach 12 Aufnahmen vorzunehmen. Gewisse Aufnahmen, insbesondere Teleaufnahmen, entstanden mit einer voll manuell einzustellenden Nikon F 2 oder mit einer Agfa Ambi Silette, von welcher auch der grössere Teil der im Buche publizierten Dias stammt. Einige Grossformat-Dias entstanden mit der erwähnten Rolleiflex T, einige Dias im Format 4×4 mit einer Agfa Isoly, einer recht einfachen Kamera.

Verwendet wurden Schwarzweissfilme von Ilford und Agfa, sowie der sehr bewährte Diafilm CT 18 desselben Her-

stellers, später der CT 100. Dieses Material erwies sich nicht nur gegenüber unvermeidlichen Belichtungsfehlern als ausgesprochen tolerant, sondern auch erstaunlich in bezug auf seine Schärfenleistung: Zahlreiche Farbbilder in diesem Buch wurden tatsächlich im Kleinbildformat 24×36 aufgenommen. Ausserdem haben sich auch die ältesten Dias nicht mit der Zeit verfärbt.

Für die Schreibweise der Ortsnamen war in Zweifelsfällen das offizielle Kursbuch der SNCF massgeblich. Die Schreibweise der Tunnelnamen entspricht den Anschriften an den Tunneleingängen, wie sie von der SNCF an manchen der vorgestellten Linien in den letzten Jahren angebracht worden sind. Sie, wie auch die Längenangaben, liessen sich teilweise direkt vom Wagenfenster aus verifizieren.

Die Realisierung dieses Buches, für welches die ersten Aufnahmen bereits 1969 entstanden sind, hat sich in der Folge stark verzögert, einerseits wegen meinen Arbeiten zum Fotografieren damals für die Stillegung bis 1975 vorgesehener Strecken, von welchen nach der Ölkrise von 1973 einige in Betrieb behalten wurden, andererseits durch die Realisierung verschiedener Bücher, u.a. über die Bahnen der französischen Alpen und über den Wiederaufbau der Tenda-Bahn. Dieser Verzögerung ist es zu verdanken, dass das nun vorliegende Buch, welches keine Dampfrossromantik bieten kann, bereits einiges historisch gewordenes Bildmaterial aus der Zeit des Dieselbetriebs aufweist, unter welchem wohl besonders die Bilder von den «Autorails Panoramiques» (Panoramatriebwagen) von Interesse sein dürften, sind doch diese Aufnahmen in einer Zeit entstanden, in der die Eisenbahnfotografie noch weniger verbreitet war, und sich noch wenige Eisenbahnfreunde dem Dieselbetrieb widmeten.

9

LITTERATURE SUR LA LIGNE DES CEVENNES

LITERATUR ÜBER DIE CEVENNENBAHN

La ligne des Cévennes figure parmi les lignes de montagne les plus belles de la France sinon de l'Europe. Par conséquent, la littérature sur cette voie ferrée est assez riche, par rapport à celle consacrée à certaines lignes de plus grande importance mais moins spectaculaires quant à leur paysage. Quelques ouvrages datent d'une époque à laquelle les chemins de fer n'étaient nullement l'objet d'un hobby de l'importance actuelle. Dans une publication parue en Autriche sur les chemins de fer français à l'époque de l'exposition mondiale à Paris de 1878 déjà, la ligne des Cévennes se trouve en très bonne place.

Un hommage particulier est à rendre à L. M. Vilain, photographe du rail de réputation, à l'époque du noir et blanc, pour son ouvrage «Les Chemins de fer de montagne français». Le dernier de ces trois volumes en projet n'a jamais paru, mais les deux premiers, parus en 1960 et 1964 sont si recherchés qu'ils sont très difficiles à trouver. Une réédition a paru en 1982 (Tardy-Lengellé/Aprodef, Paris) dont le titre «Vapeur en montagne» évoque le fait que la traction vapeur n'a disparu sur les lignes en question qu'avant 1970. Il va de soi que de nombreuses pages de cet ouvrage sont consacrées à la ligne des Cévennes.

L'ouvrage «Les chemins de fer du Massif Central» de Mme R. Caralp-Landon (Librairie Armand Colin, Paris, 1959) était une autre source importante, même si les informations ne sont pas groupées par lignes ferroviaires mais par critères techniques ou économiques. Les aspects de politique des transports traités dans cet ouvrage étaient d'un intérêt particulier. Celles concernant la concurrence entre le P.L.M. et le P.O. à l'époque des réseaux privés ainsi que les raisons pour lesquelles la construction de la ligne inachevée du Puy à Lalevade-d'Ardèche fut entreprise sont tirées de cet ouvrage en première ligne.

Mentionnons également la brève description dans «Géographie des Chemins de fer français» de H. Lartilleux, dont le croquis figure aussi dans des ouvrages d'autres auteurs, p. ex. dans «Eisenbahnferien in Frankreich» (Vacances ferroviaires en France), de l'auteur anglais George Behrend. L'édition en langue allemande, traduite par Walter Trub, est parue chez Orell Fussli à Zurich en 1967.

La même maison a sorti en 1982 une troisième édition de l'ouvrage «Gebirgsbahnen Europas» (Chemins de fer de montagne européens). Parmi les nouveautés de cette réédition figurent les étoiles, style Michelin, pour évaluer les attraits des lignes décrites. La ligne des Cevennes en a trois: «vaut le voyage», d'après la classification Michelin.

Die Cevennenlinie gehört zu den schönsten Gebirgsbahnen nicht nur in Frankreich, sondern in ganz Europa. Es überrascht deshalb nicht, dass über sie bereits einige Literatur existiert, zum Teil sogar bereits aus einer Zeit, in welcher die Eisenbahn noch viel weniger als heute beliebtes Hobby war. Bereits in einer deutschen Fachpublikation über das Eisenbahnwesen in Frankreich zur Zeit der Pariser Weltausstellung 1878 (elf Jahre vor jener Ausstellung, für welche der Eiffelturm erbaut wurde) nimmt die Cevennenlinie einen wichtigen Platz ein.

Besondere Erwähnung verdient das Werk «Les Chemins de fer de montagne français» von L. M. Vilain, einem Altmeister der schwarzweissen Eisenbahnfotografie. Von drei ursprünglich vorgesehenen Bänden sind leider 1960 und 1964 nur zwei erschienen, und diese sind heute kaum mehr zu finden. Doch ist 1982 eine Neuausgabe erschienen, deren Titel «Vapeur en montagne» zugleich darauf hinweist, dass die Dampftraktion auf französischen Gebirgsbahnen noch vor gar nicht so langer Zeit zum Alltag gehört hatte.

Als zuverlässige Quelle erwies sich «Les Chemins de fer du Massif Central» von Frau R. Caralp-Landon (Librairie Armand Colin, Paris, 1959). Zwar sind die Informationen hier nicht nach Strecken, sondern nach anderen Kriterien geordnet, und die bautechnischen Informationen beziehen sich vor allem auf grössere Objekte. Trotzdem erwiesen sich die generellen technischen und insbesondere die verkehrspolitischen Informationen von grossem Interesse. Die Angaben im vorliegenden Buche über die Konkurrenz zwischen P.L.M. und P.O. sowie über die Hintergründe des unvollendeten Bahnbaues von Le Puy nach Lalevade-d'Ardèche basieren hauptsächlich auf dieser Quelle.

Erwähnung verdient im weiteren die allerdings kurz gefasste Beschreibung der Cevennenlinie im Werk «Géographie des Chemins de fer français» von H. Lartilleux, mit einer Streckenskizze, die später auch in Publikationen anderer Autoren übernommen wurde, so in das bereits im Vorwort erwähnte Buch «Eisenbahnferien in Frankreich» von George Behrend, einem englischen Autor. Die deutsche Ausgabe dieses Buches erschien im Orell Füssli Verlag 1967 in einer Übersetzung von Walter Trüb.

Das ebenfalls schon im Vorwort erwähnte Standardwerk «Gebirgsbahnen Europas» von Ascanio Schneider (erste Ausgabe 1963) ist 1982 bei Orell Füssli in Zürich in dritter Auflage erschienen. Es wurde darin versucht, die beschriebenen Linien nach ihrer landschaftlichen und bautechnischen Attraktivität mit einem bis drei Sternen, ähnlich wie im Guide Michelin, zu versehen. Die Ce-

Pour des lignes fermées ou inachevées, des informations importantes ont été tirées de l'ouvrage «Trains oubliés», vol. 2 (P.L.M.) de José Banaudo, paru en 1981 aux Editions du Cabri, Breil-sur-Roya. Une description très charmante de la ligne se trouve dans l'ouvrage «Les voyages du Professeur Lorgnon» de Henri Vincenot, décédé en automne 1985. Celui-ci relate les aventures de trois amis à bord des trains sillonnant des lignes parfois peu connues de la France. Un chapitre particulièrement long est consacré à la ligne des Cévennes. Il est divisé en trois parties dans une nouvelle édition de 1983 (Editions Denoël, Paris). Le Professeur Lorgnon est un type de savant universel, humaniste au sens propre du terme, disposant de connaissances d'une variété étonnante sur l'histoire et la géographie des régions traversées, tandis que l'un de ses compagnons, un certain ingénieur dénommé Pillsech, distribue les détails techniques. Sa position à coté du professeur n'est pas toujours facile, car celui-ci le taquine parfois remarquant «comme les ingénieurs aiment à enlaidir le paysage». Toutefois, cette affirmation se dément elle-même dans de cas des lignes décrites, la ligne des Cévennes en particulier, qui révèlent la beauté des chefs d'œuvre des ingénieurs de l'époque. Le troisième protagoniste, un Docteur Ribistou, reste un peu à l'arrière-plan par rapport à ses deux compagnons; il est bien informé sur les spécialités gastronomiques des régions visitées. Le livre est embelli par des illustrations dessinées par l'auteur avec l'exactitude un peu pédante mais toujours affectueuse du professeur Lorgnon en personne.

Etant donné que la ligne des Cévennes figure parmi les plus intéressantes de la France tant sur le plan technique que sur celui de l'exploitation, de nombreu-

ses informations à ce sujet se trouvent dans «La Vie du Rail», source importante pour la préparation de ce livre.

vennenlinie erhielt deren drei und hat es verdient. Bei Michelin heisst dies: «Vaut le voyage – eine Reise wert».
Wichtige Informationen über stillgelegte oder unvollendete Linien waren in der Arbeit «Trains oubliés», Band 2 (P.L.M.) von José Banaudo zu finden. (Editions du Cabri, Breil-sur-Roya, 1981).
Eine besonders liebenswürdige Schilderung stammt vom französischen Schriftsteller Henri Vincenot, der im Herbst 1985 verstorben ist. Sein broschierter Band «Les voyages du Professeur Lorgnon» beschreibt die Fahrten dreier Freunde über zahlreiche reizvolle Strecken Frankreichs, Gebirgslinien und andere, doch die Cevennenlinie wird darin mit einem besonders langen Kapitel bedacht. In einer Neuausgabe (1983, Denoël, Paris) sind gar drei Kapitel daraus geworden. Professeur Lorgnon ist eine Art Universalgelehrter, Humanist von altem Schrot und Korn, der unterwegs beinahe unglaublich viel Interessantes über Geschichte und Geographie der durchfahrenen Landschaften berichtet, während einer seiner Begleiter, der Ingenieur Pillsech, jeweils vor allem über die technischen Belange bestens Bescheid weiss. Gegenüber dem Professor hat er allerdings nicht immer einen leichten Stand, denn dieser pflegt ihn zu necken: «comme les ingénieurs aiment à enlaidir le paysage» (wie die Ingenieure es lieben, für die Hässlichkeit der Landschaft zu sorgen), eine Aussage, die angesichts des Ingenieurkönnens an der Cevennenbahn allerdings widerlegt wird. Der dritte Mitreisende, ein Docteur Ribistou, bleibt zwar gegenüber den beiden anderen Protagonisten eher im Hintergrund, ist aber immer rechtzeitig mit profunden Kenntnissen zur Stelle, wenn es um Spezialitäten der Küche der jeweils bereisten Region geht. Besonders bemerkenswert sind die vom Autor selbst gezeichneten Illu-

strationen, die in ihrer exakten, liebevollen und etwas pedantisch überhöhten Ausführung von Professeur Lorgnon in Person stammen könnten.
Als technisch und betrieblich besonders interessante Eisenbahnlinie findet sodann die Cevennenbahn immer wieder Eingang in die Spalten der französischen Eisenbahnzeitschrift «La Vie du Rail», aus welcher Quelle unzählige der im vorliegende Buche verwendeten Angaben stammen.

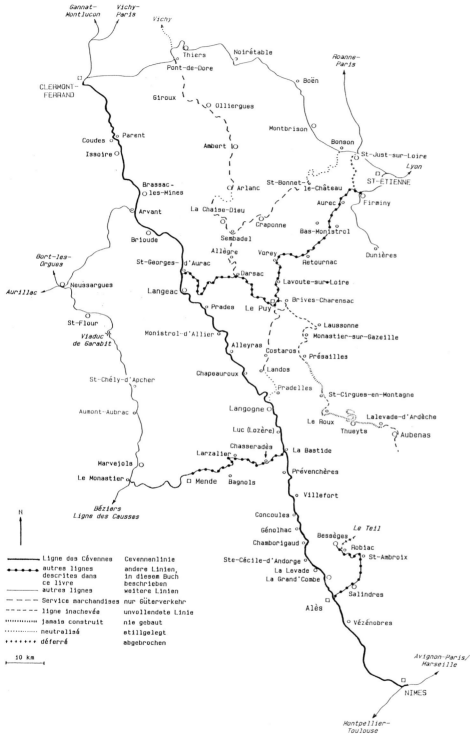

LA LIGNE DES CEVENNES
DIE CEVENNENBAHN

CLERMONT-FERRAND– NIMES 303 km

Déclivité maximale / Maximalneigung	Langeac - La Bastide	18 o/oo
	La Bastide - Alès	25 o/oo
Rayon plus faible / minimaler Kurvenradius		200 m
Dénivellation / Höhendifferenz	Langeac - Tunnel de la Bastide	516 m
	Tunnel de la Bastide - Alès	895 m
Altitude maximale / Höchster Punkt	Tunnel de la Bastide, Portail Nord / Nordportal	1030 m
Mise en service / Inbetriebnahme	Clermont-Ferrand - Issoire	2. 7.1855
	Issoire - Brassac-les-Mines	3. 9.1855
	Brassac-les-Mines - Arvant	3. 5.1856
	Arvant - Brioude	1. 5.1857
	Brioude - Langeac	10.12.1866
	Langeac - Villefort	16. 5.1870
	Villefort - La Levade	12. 8.1867
	La Levade - Alès	25.10.1841
	Alès - Nîmes	10. 8.1840
Double voie / Doppelspur	Clermont-Ferrand - Issoire	17. 4.1856
	Issoire - Arvant	1. 6.1897
	Alès - Nîmes	23.11.1857
En souterrain / Tunnelanteil		18 o/o
	(Prévenchères - Villefort	38 o/o)

12

Ligne des Cévennes, ouvrages d'art / Kunstbauten

Gare, Tunnel, Viaduc / Bahnhof, Tunnel, Viadukt	Longueur Länge m	Hauteur Höhe m	Arches Bögen	en courbe in Kurve	km	Altitude Höhe m
CLERMONT-FERRAND					0	
Sarliève-Cournon						
Le Cendre-Orcet						
Les Martres-de-Veyre						
Viaduc de Longues (sur l'Allier)	123	18	2 x 49,75 m			
Vic-le-Comte						
Parent-Coudes-Champeix					26	
Viaduc du Piat (sur l'Allier)	142	9	5 x 21 m			
ISSOIRE					36	
Le Breuil-sur-Couze					45	
Pont sur la Couze	31	5	2 x 11,4 m			
Viaduc sur l'Alagnon	65	10	3 x 14 m			
Le Saut-du-Loup					49	
1 Tunnel de la Roche	43					
Brassac-les-Mines					55	
ARVANT					61	
BRIOUDE					71	
Viaduc de la Bargeasse (sur l'Allier)	134	21	5 x 18 m			
(Fontannes et Frugières-le-Pin desservies par autocars seulement)						
Viaduc de Blannat	70	11	2 x 16 m 1 x 5 m	R = 330 m		
Paulhaguet					89	
ST-GEORGES-D'AURAC					95	
Viaduc de Costet (sur l'Allier)	285	24	18 x 12 m			
LANGEAC					103	513
(Chanteuges, gare non desservie)					109	529
2 Tunnel de St-Arcons	81					
Viaduc de Monteil	67	12	6 x 7 m	R = 300 m		
Viaduc de Combe-Gros	96	20	9 x 6 m			
Prades-St-Julien						

Gare, Tunnel, Viaduc / Bahnhof, Tunnel, Viadukt	Longueur Länge m	Hauteur Höhe m	Arches Bögen	en courbe in Kurve	km	Altitude Höhe m
Prades-St-Julien						
3 Tunnel de Prades	163					
4 Tunnel de la Garde	213					
5 Tunnel des Ombries I	60					
6 Tunnel des Ombries II	35					
Viaduc du Ponnet	62	17	5 x 6 m	R = 300 m		
7 Tunnel du Saut du Vieillard	98					
Viaduc de Chante Ranne	46	17	1 x 15 m	R = 270 m		
8 Tunnel de Ponnet	120					
9 Tunnel de la Valette	75					
10 Tunnel de la Madeleine	161					
Viaduc sur l'Allier (de la Madeleine)	112	20	2 x 33 m 1 x 40 m			
11 Tunnel de Pracleaux	90					
12 Tunnel de Monistrol	167					
Monistrol-d'Allier					127	605
13 Galerie de Raybutte	30					
Viaduc de Fontannes (sur l'Allier)	134	23	6 x 12 m 1 x 24 m	R = 290 m		
14 Tunnel de Fontannes	196					
15 Tunnel de Jacquet	81					
16 Tunnel de Douchanney	552					
Viaduc de Douchanney	124	16	11 x 6 m	R = 300 m		
17 Tunnel de St-Didier	210					
Viaduc de St-Didier	45	15	2 x 6 m			
18 Tunnel de Charbonnes	40					
Viaduc de Paire-Grosse	37	16	3 x 6 m			
19 Tunnel de Paire-Grosse	67					
Viaduc sur ravin	123	14	10 x 6 m			
20 Tunnel de St-Etienne	674					
Viaduc sur ravin	42	16	3 x 6 m			
21 Tunnel de la Charbonnière	71					
Viaduc de Paire	64	16	6 x 6 m			
22 Tunnel de Paire	97					
23 Tunnel de Ramenac	74					
Viaduc de Ramenac	120	14	9 x 6 m	R = 270 m		
24 Tunnel de Chastées	76					
Viaduc sur l'Allier	100	27	1 x 13 m 1 x 42 m			
25 Tunnel de Poutes	64					
26 Tunnel du Sac	70					
Alleyras					137	668

Gare, Tunnel, Viaduc / Bahnhof, Tunnel, Viadukt	Longueur Länge m	Hauteur Höhe m	Arches Bögen	en courbe in Kurve	km	Altitude Höhe m
Alleyras						
Viaduc de Fougeas	38	12	3 x 6 m	R = 425 m		
Viaduc de Vabres	160	16	12 x 6 m			
27 Tunnel de Vabres	60					
28 Tunnel d'Alleyras	220					
Galerie de la Parade	35					
Viaduc sur ravin	117	20	9 x 6 m			
29 Tunnel de la Talède	354					
30 Tunnel de Roquefort	410					
31 Tunnel de Crest	210					
Viaduc de Genestouze	45	11	3 x 7 m	R = 270 m		
32 Tunnel de Genestouze	62					
33 Tunnel de la Salette	211					
34 Tunnel de Faux	79					
35 Tunnel de St-Christophe	55					
Viaduc de St-Christophe	116	18	13 x 6 m	R = 260 m		
36 Tunnel de Souils	89					
Viaduc de Bassette	90	22	9 x 6 m			
37 Tunnel du Thord	252					
Viaduc du Thord (sur l'Allier)	120	20	6 x 12 m			
38 Tunnel d'Etang	62					
Viaduc de Chapeauroux	433	17	28 x 12 m	R = 260 m		
Chapeauroux					151	750
39 Tunnel de Crémat	222					
40 Tunnel de Chaillet	48					
41 Tunnel de Condres	496					
Viaduc de Condres	165	15	22 x 6 m	R = 250 m		
Viaduc des Ribains (sur l'Allier)	120	25	6 x 12 m			
42 Tunnel des Ribains	583					
43 Tunnel de Rauret	304					
Viaduc du Rauret	69	10	8 x 6 m	R = 300 m		
44 Tunnel de Freycenet	290					
45 Tunnel de Joncherette	269					
(Jonchères, gare non desservie)					159	831
Viaduc du Bois de Laine	155	14	21 x 6 m	R = 270 m		
46 Tunnel du Bois de Laine	86					
Viaduc de la Pinède	117	13	7 x 6 m	R = 270 m		
47 Tunnel de la Pinède	162					
48 Tunnel de la Forêt	178					
Viaduc du Mazel (sur l'Allier)	110	22	4 x 14 m			
49 Tunnel de Mazel	152					
50 Tunnel de Pomeyrols	352					
51 Tunnel de la Valette	134					
LANGOGNE					170	911

Gare, Tunnel, Viaduc / Bahnhof, Tunnel, Viadukt	Longueur Länge m	Hauteur Höhe m	Arches Bögen	en courbe in Kurve	km	Altitude Höhe m
LANGOGNE						
Viaduc sur le Langouyrou	60	15	3 x 10 m			
Viaduc sur l'Allier	130	22	5 x 14 m			
52 Tunnel de la Veyssière	140					
53 Tunnel de St-Martin	95					
Luc (Lozère)					182	963
2 petits viaducs sur l'Allier						
LA BASTIDE-ST-LAURENT					188	1023
Point culminant / Scheitelpunkt						1030
54 Tunnel de La Bastide	893					
55 Tunnel des Fagoux	377					
56 Tunnel de Bazaux	199					
57 Tunnel de Pradal	164					
58 Tunnel de Gravil	1120					
59 Tunnel de la Molette	502					
60 Tunnel de Serre Dégales	195					
61 Tunnel de Vertel	161					
62 Tunnel de Ressau	104					
Prévenchères					197	862
63 Tunnel du Rachas	116					
Viaduc de Chassezac (du Rachas)	100	17 x	5 x 10 m	x = Hauteur a l'origine		
64 Tunnel du Chassezac	186					
65 Tunnel de l'Albespeyre	1521					
66 Tunnel de Serre-Bas	60					
Viaduc des Fourches	100	24	5 x 12 m			
67 Tunnel du Gros-Chou	150					
68 Tunnel de Bessèdes	200					
69 Tunnel de Pourcharesses	335					
70 Tunnel du Pradel	130					
71 Tunnel de Chabrel	289					
72 Tunnel de Truel	253					
73 Tunnel de la Civadière	200					
Viaduc de l'Altier	246	73 x	11 x 16 m	x = Hauteur a l'origine (19 m sur niveau maximal des eaux)		
74 Tunnel de l'Altier	707					
VILLEFORT					208	605

14

Gare, Tunnel, Viaduc Bahnhof, Tunnel, Viadukt	Longueur Länge m	Hauteur Höhe m	Arches Bögen	en courbe in Kurve	km	Altitude Höhe m
VILLEFORT						
75 Tunnel de Villefort	274					
76 Tunnel du Rat	60					
77 Tunnel du Collet	460					
78 Tunnel de Valcrouzes	559					
79 Tunnel du Rancel	240					
80 Tunnel de Elzière	413					
Viaduc de la Malautière	176	40	8 x 14 m			
81 Tunnel du Maussal	105					
Concoules					215	590
82 Tunnel de Planzoles	511					
83 Tunnes des Ribes	196					
84 Tunnel de Banlève	713					
85 Tunnel de Champevars	111					
86 Tunnel de Leyrolles	233					
Génolhac					221	470
87 Tunnel de Génolhac	398					
Viaduc de la Finoune	71	40	3 x 10 m	R = 300 m		
88 Tunnel de Belle Poêle	165					
89 Tunnel de Mauches	227					
90 Tunnel de Roc Coubier	166					
91 Tunnel des Fossats	260					
92 Tunnel des Pertus	286					
Viaduc de Landiol	112	30	6 x 12 m			
93 Tunnel de l'Alliège	50					
Viaduc du Luëch	409	47	17 x 8 m 12 x 14 m			
Viaduc de Frescenet	88	31	4 x 15 m			
Chamborigaud					228	329
Viaduc du Baldit	70	23	3 x 15 m			
94 Tunnel de la Bégude	1723					
95 Tunnel de Machères	126					
96 Tunnel de Berlières	60					
Ste-Cécile-d'Andorge					233	291

Gare, Tunnel, Viaduc Bahnhof, Tunnel, Viadukt	Longueur Länge m	Hauteur Höhe m	Arches Bögen	en courbe in Kurve	km	Altitude Höhe m
Ste-Cécile-d'Andorge						
97 Tunnel de Ste-Cécile	159					
98 Tunnel de la Valoussière	182					
99 Tunnel des Pinèdes	167					
100 Tunnel de Lardoux	248					
Viaduc du Lardoux	114	20	8 x 10 m			
La Levade					238	203
LA GRAND'COMBE					241	188
101 Tunnel du Fesc	200					
Malbosc					246	163
Tamaris					252	142
102 Tunnel du Pèlerin	210					
ALES					254	135
St-Hilaire-de-Brethmas (Mas-les-Gardies, gare non desservie)					259	
Vézénobres					266	
103 Tunnel de Ners	393					
Pont de Ners	228,5	11,4	8 x 18,5 m			
Ners					269	
104 Tunnel de Boucoiran	137					
Boucoiran .. Fons-St-Mamert						
105 Tunnel de Gajan	129					
Mas-de-Ponge					292	
106 Tunnel de la Tour Magne	185					
Viaduc de la Tour Magne	120	19	9 x 8 m			
NIMES					303	

Particularités

Besonderheiten

Contrairement aux exemples bien connus dans les Alpes, les vallées du Massif Central ne sont pas prédestinées à canaliser les transports. Le Massif Central moins étendu que les Alpes se laisse contourner par les courants du trafic dans leur grande majorité. Le chemin de fer n'a pas changé cette situation. Par contre, son rôle primaire est de désenclaver les régions parcourues, même si quelques lignes ont été construites à l'origine en raison d'une politique des transports surpa-régionale.

L'âge de la ligne des Cévennes est étonnant. En fait, elle était en service de bout en bout en 1870 déjà. Lors de sa construction, les premières expériences des chemins de fer de montagne étaient faites; toutefois, les lignes célèbres du Semmering (Autriche, 1854), du Hauenstein (Suisse, 1858), la Porrettana entre Bologna et Florence (1864, première ligne avec développement en S et tunnel semi-hélicoïdal), les lignes du Brenner et du Mont-Cenis (1867 et 1871) avaient créé des liaisons interrégionales sinon internationales.

Contrairement à toutes celles-ci, la ligne des Cévennes a été construite pour les besoins de la région elle-même, alors que le chemin de fer offrait la seule possibilité technique de sortir une région de son isolement.

L'âge respectable de la ligne – celle du St-Gothard en Suisse n'était ouverte complètement que 12 ans après – se manifeste par le style des viaducs nombreux dans les gorges de l'Allier sur la rampe nord, caractérisés par un grand nombre d'arches à ouverture assez petite. Quelle différence entre ces derniers et ceux en maçonnerie des chemins de fer à voie normale construits plus tard, avec des ouvertures larges et des piliers élancés, comme on les voit sur le Bodensee-Toggenburg en Suisse Orientale (1910) ou entre Nice et Breil, ligne d'accès à celle du Col de Tende, ouverte en 1928 seulement.

Une conséquence particulière de l'âge de la ligne des Cévennes est le fait que son centenaire en 1970 a passé inaperçu. L'absence de festivités était compréhensible à une époque de fermeture des lignes secondaires en France. Le goût des centenaires n'existait pas encore, au moins pour les lignes d'importance régionale. C'était tout différent dix ans plus tard!

Sur le versant nord, dans les gorges de l'Allier, les rampes sont relativement peu fortes, mais très longues. Il n'était donc pas nécessaire de construire des tunnels hélicoïdaux ni de chercher des développements ingénieux; par contre, il fallait ériger de nombreux tunnels, courts dans leur majorité, et, sur l'Allier et les vallées secondaires, des viaducs innombrables, pas très hauts, mais dont la longueur peut atteindre presqu'un

Im Gegensatz zu bekannten Beispielen in den Alpen waren die Täler des französischen Zentralmassivs nicht als Verkehrsregionen prädestiniert. Die Ausdehnung des Zentralmassivs ist kleiner, es kann also von den Verkehrsströmen ohne weiteres umgangen werden. Daran hat auch die Eisenbahn nichts geändert. Die Bahnen des Zentralmassivs sind in erster Linie für die von ihnen durchquerten Regionen selbst da, wenn auch eine Anzahl von ihnen ursprünglich aus überregionalen verkehrspolitischen Erwägungen entstanden sind.

Die Cevennenbahn wurde 1870 eröffnet, ist also erstaunlich alt. Als sie gebaut wurde, waren allerdings erste Erfahrungen mit Gebirgsbahnen bereits vorhanden. Die 1854 eröffnete Semmering-Bahn in Österreich, die Hauensteinlinie in der Schweiz (1858), die 1864 in Betrieb genommene «Porrettana» zwischen Bologna und Florenz (erstmals mit S-Schleife und sogar einem Wendetunnel), die Brenner- und die Mont-Cenis-Linie (1867 resp. 1871) waren jedoch allesamt Durchgangslinien von landesweiter oder gar internationaler Bedeutung.

Im Gegensatz dazu war die Cevennenlinie von Anfang an hauptsächlich zur Verkehrserschliessung einer bisher arg benachteiligten Region konzipiert. Möglicherweise verdankt sie ihre Entstehung dem Umstand, dass die Eisenbahn damals die einzige Möglichkeit bot, so abgelegene Bergregionen wie hier an die Aussenwelt anzuschliessen.

Das respektable Alter der Cevennenbahn – die Gotthardlinie ist 12 Jahre jünger – sieht man dem Stil mancher ihrer Viadukte an, besonders in der Allierschlucht an der Nordrampe. Zahlreiche Viadukte weisen auffallend kleine Bogen in grosser Zahl auf. Der Unterschied zu den wesentlich weiteren Bogen und ausgesprochen schlanken Pfeilern von Steinviadukten aus späterer Zeit ist eindeutig.

Das Alter der Cevennenbahn hatte eine merkwürdige Konsequenz: Ihr Hundertjahresjubiläum ging völlig unbemerkt und ohne irgendwelche Festlichkeiten vorüber. 1970 war die zweite grosse Stillegungsaktion für französische Nebenbahnen im Gange. Der Sinn für Jubiläen mindestens für Bahnen regionaler Bedeutung fehlte noch völlig. Bereits 10 Jahre später war dies anders.

Die Nordrampe der Cevennenlinie verläuft im Talzug des Allier, eines bedeutenden Zuflusses der Loire, und kommt mit vergleichsweise kleinen Steigungen aus. Sie ist dafür ausgesprochen lang. Kehrtunnels und kunstvolle Linienentwicklungen waren nicht erforderlich, wohl aber umso mehr Tunnels meist geringer Länge durch Bergsporne und Felsvorsprünge sowie unzählige Viadukte über den Allier oder über Seiten-

demi-kilomètre, c'est le cas de celui de Chapeauroux.

Le caractère de versant sud est tout différent. Voici le tronçon qui donne son nom à la ligne «des Cévennes». Celle-ci traverse un affluent du Rhône après l'autre et plusieurs étages de la végétation. Le Massif Central n'atteint 2000 m au-dessus de la mer en aucun lieu. La différence d'altitude de la rampe sud de la ligne des Cévennes est de ce fait étonnante: elle dépasse celle du St-Gothard entre Airolo et Bodio, avec des pentes maximales similaires et des rayons de courbe parfois plus faibles. Il faut dire que les tunnels hélicoïdaux manquent. Mais il existe une particularité: un «fer à cheval» disposé vers l'extérieur d'une vallée traversée (et non vers l'intérieur comme dans des autres cas), avec un viaduc impressionnant, à courbe étroite, sur lequel la vitesse de passage est réduite pour tenir compte de la force centrifuge importante dégagée à la hauteur de l'ouvrage. C'est le viaduc figurant sur la couverture de ce livre.

L'absence de tunnel de faîte est plus typique dans les montagnes moyennes. Le point culminant de la ligne se trouve à la sortie nord du tunnel de la Bastide, mais celui-ci, passant peu au-dessous de la ligne de partage des eaux, est en pente unilatérale et fait clairement partie de la rampe sud déjà.

Comme ligne d'importance régionale seulement, la ligne des Cévennes a le privilège de n'avoir pas été touchée gravement par les évènements de guerre, par ceux de la première guerre mondiale en particulier. Pendant la seconde, en 1944, le Viaduc du Chassezac, situé en aval de la gare de Prévenchères, ainsi qu'une partie du Viaduc du Luëch près Chamborigaud furent détruits (le 1er resp. le 19 août), mais, en outre, les dégâts étaient très limités. Le 31 mai 1945

déjà, un peu plus de trois semaines après l'armistice, la ligne des Cévennes fut remise en service de bout en bout. Les blessures provoquées dans le paysage par la construction de la ligne sont guéries depuis longtemps. Le changement d'aspect de ces régions était sans doute visible mais il s'est effacé depuis longtemps. La tranchée dans une colline, coupée pour la construction d'un chemin de fer n'a-t-elle pas fasciné l'artiste Cézanne? Et il ne s'agissait pas d'un chemin de fer de montagne! Les tunnels, avec leurs carrés noirs et blancs aux portails sur la rampe nord, les murs de soutènement, les voies et les gares s'intègrent harmonieusement dans le paysage; quant aux viaducs, on peut constater qu'ils sont devenus de véritables attractions.

Le claquement rythmique des locomotives à vapeur, le ballet de leurs bielles ont disparu, mais la fascination du chemin de fer reste. Les locomotives diesel en service sont extérieurement assez attrayantes, le mérite en revient au designer qui a su maîtriser son métier pour l'adapter aux exigences de ce mode de traction. Et que deviendraient les chemins de fer de montagne français sans leurs autorails infatigables en livrée bleue/blanche, rouge/crème ou jaune/blanche selon les cas!

Avec ses paysages parfois sévères, parfois doux sous un soleil clair, à l'air pur des régions dominées par la nature, avec ses champs de genêts ou de narcisses, avec ses rochers volcaniques sur le versant nord et ses vues grandioses sur le versant sud, avec ses tunnels relativement courts et ses viaducs superbes, la ligne des Cévennes étonne toujours ceux qui aiment les voyages en les chemins de fer de montagne.

täler. Keiner von ihnen ist besonders hoch, wohl aber einer (Chapeauroux) beinahe einen halben Kilometer lang. Wesentlich anders ist der Charakter der Südrampe. Erst sie verläuft in den Cevennen. Hier quert die Linie ein Seitental der Rhone nach dem anderen. Verschiedene Vegetationsstufen gehen in rascher Folge ineinander über. Hält man sich vor Augen, dass das Zentralmassiv nirgends eine Höhe von 2000 Metern erreicht, ist es erstaunlich, dass die Höhendifferenz der Südrampe grösser ist als diejenige von Airolo nach Bodio am Gotthard, dass das Maximalgefälle beinahe gleich gross und der geringste Kurvenradius sogar enger ist. Zwar weist auch die Südrampe keine spektakulären Schleifen und Kehrtunnels auf. Dafür aber verfügt sie über eine besondere Attraktion: Eine hufeisenförmige Linienentwicklung talaus- statt -einwärts mit einem Viadukt von beachtlichen Ausmassen, welcher mit Rücksicht auf grosse Fliehkräfte mit reduzierter Geschwindigkeit befahren wird. Diese Stelle gab für das vorliegende Buch das Titelbild.

Schon typischer für eine Eisenbahn im Mittelgebirge ist das Fehlen eines Scheiteltunnels. Der höchste Punkt der Strecke befindet sich zwar am Nordeingang des Tunnel de la Bastide, dieser selbst liegt jedoch bereits im starken Gefälle und ist eindeutig Bestandteil der Südrampe, wenn auch über ihm bei allerdings bescheidener Gebirgsüberlagerung tatsächlich die Wasserscheide verläuft.

Als Gebirgsbahn im Zentralmassiv blieb die Cevennenlinie von Kriegszerstörungen verhältnismässig stark verschont, besonders im Ersten Weltkrieg. 1944, im Zweiten Weltkrieg dann, wurden zwar der Chassezac-Viadukt unterhalb Prévenchères (am 1. August) und teilweise auch der Luëch-Viadukt bei

Chamborigaud (am 19. August) zerstört, aber sonst hielten sich die Kriegsschäden in Grenzen. Bereits am 31. Mai 1945, etwas mehr als drei Wochen nach dem Waffenstillstand, war die Cevennenbahn wieder durchgehend betriebsfähig.

Die beim Bau der Bahn in die Landschaft geschlagenen Wunden sind längst verheilt. Die Bahn gehört heute zu den grossen Attraktionen der Landschaft. Welche Faszination hat übrigens schon ein schlichter Einschnitt einer Eisenbahnlinie im Bau durch einen Hügel auf einen Maler vom Range eines Cézanne ausgeübt, und dies nicht einmal an einer Gebirgslinie! Die Tunnels, Stützmauern, Gleise und Stationen der Cevennenbahn fügen sich ohne weiteres in die Gegend ein, in welcher verschiedene Viadukte zu ausgesprochenen Schmuckstücken geworden sind.

Und wenn auch keine mächtigen Dampflokomotiven mehr die langen Rampen aufwärts pusten, das faszinierende Spiel der Treibstangen der Vergangenheit angehört, so sind doch die heute eingesetzten Diesellokomotiven dank den Fähigkeiten eines begabten Designers von ansprechender Erscheinung, was von Dieselfahrzeugen bekanntlich nicht immer ausgesagt werden kann. Und was wäre heutzutage eine französische Gebirgsbahn ohne die blau-weissen, rot-gelben und anderenorts auch gelb-weissen Dieseltriebwagen, die unermüdlichen Autorails!

Mit ihren bald wilden, bald lieblichen Landschaften, den oft kaum berührten Regionen, den eigentümlichen vulkanischen Felsen auf der Nordseite, den grandiosen Ausblicken auf der Südseite, mit den mehrheitlich nur kurzen Tunnels und ihren prachtvollen Viadukten bietet die Cevennenbahn dem Kenner kunstvoller Eisenbahnstrecken immer wieder Neues.

17

Clermont-Ferrand–St. Georges-d'Aurac

A Clermont-Ferrand, deux BB 67400 sont attelées au Cévenol. Les jours de trafic plus faible, une seule suffit.
1. 4. 1983

Clermont-Ferrand. Dem Cévenol werden hier zwei Dieselloks der Reihe BB 67400 vorgespannt. An Tagen mit schwächerem Verkehr genügt eine.
1. 4. 1983

La ligne commune vers les Cévennes et Nîmes et vers Neussargues–Béziers (Ligne des Causses) et Aurillac (Ligne du Lioran), à double voie jusqu'à Arvant, point de séparation des lignes. A l'arrière-plan, le Puy-de-Dôme, un ancien volcan.
5. 9. 1985

Gemeinsame Doppelspur der Cevennenlinie und der Strecke Richtung Neussargues–Béziers (Ligne des Causses) und Aurillac (Lioran-Linie). Bis zur Verzweigungsstation Arvant ist die Strecke doppelspurig. Im Hintergrund der Puy-de-Dôme, ein erloschener Vulkan.
5. 9. 1985

A rampes encore faibles, la ligne longe l'Allier en passant deux passages étroits de la vallée entre Vic-le-Comte et Issoire. D'anciens volcans comme celui à l'arrière-plan pourraient avoir inspiré à Antoine de St-Exupéry, lors de ses vols sur les volcans de l'Auvergne, l'idée de son Petit Prince habitant sur une petite planète avec des volcans similaires.
1. 4. 1983 entre Vic-le-Comte (derrière le photographe) et Parent.

Am Allier zwischen Vic-le-Comte und Issoire. Die Strecke führt durch zwei Talengnisse, weist aber noch kleine Steigungen auf. Im Hintergrund ein erloschener Vulkan, was an den «Kleinen Prinzen» von A. de St-Exupéry erinnert, welcher möglicherweise als Pilot beim Überfliegen der Auvergne-Vulkane auf die Idee gekommen ist.
1. 4. 1983, zwischen Vic-le-Comte (rückliegend) und Parent.

BRIOUDE – ST-FLOUR

46 km

**Concurrence
P.L.M./P.O.**

Déclivité maximale /
Maximalneigung	33 o/oo
Rayon plus faible /
minimaler Kurvenradius	200 m
Dénivellation /
Höhendifferenz	632 m
Altitude maximale /
Höchster Punkt	1065 m
Déclaration d'utilité
publique	27. 4.1906
Concession /
Konzession	7. 7.1905
Mise en service /
Inbetriebnahme	1. 6.1910
Fermeture voyageurs /
Schliessung Personenverkehr	20. 5.1940
Fermeture marchandises /
Schliessung Güterverkehr	1940 (?) /
4.10.1953

**Ouvrages
d'art /
Kunstbauten**

| Gare, Tunnel, Viaduc
Bahnhof, Tunnel, Viadukt | km | Altitude
Höhe
m |
|---|---|---|
| BRIOUDE | 0 | 433 |
| Beaumont-Lauriat | 3.5 | 441 |
| St-Beauzire-La Chomette | 9.5 | 616 |
| Talairat | 12.6 | 702 |
| 2 tunnels / 2 Tunnels | | |
| Cournil | 19.2 | 881 |
| La Chapelle-Laurent | 23.6 | 959 |
| St-Poncy | 27.2 | 995 |
| 1 tunnel / 1 Tunnel | | |
| Villespesse - Lastic | 31.5 | 992 |
| (Point culminant/Scheitelpunkt) | 34.4 | 1065 |
| 1 tunnel / 1 Tunnel | | |
| Chabrillac | 35.3 | 1056 |
| 2 tunnels / 2 Tunnels | | |
| Coren-les-Eaux | 41.1 | 899 |
| 1 tunnel / 1 Tunnel | | |
| ST-FLOUR | 45.9 | 783 |

Ligne de concurrence P.L.M./P.O. — Konkurrenzlinie P.L.M./P.O.
do., fermée aux voyageurs ou déclassée — do., ohne Personenverkehr oder abgebrochen
do., non réalisée — do., nicht realisiert
autre ligne — andere Linie

20

Particularités

Cette ligne est née de la concurrence entre le P. L. M. (Paris–Lyon–Méditerranée) et le P. O. (Paris–Orléans). Le premier desservait les lignes ferroviaires de l'est, le dernier celles de l'ouest du Massif Central. C'est l'itinéraire le plus court pour la tarification des transports des vins du Languedoc et de la région de Beziers en particulier vers Paris qui était en question.

En fait, en 1863 déjà un accord entre les deux sociétés et le «Midi» stipulait que l'itinéraire le plus court (sans tenir compte des dénivellations) devrait faire la loi pour les tarifs des marchandises, même si le parcours effectif des trains était autre, p. ex. pour éviter une ligne de montagne à exploitation difficile par souci d'économie. Dans le cas où l'itinéraire emprunté effectivement appartenait à une société compétitive, celle-ci devait verser une rémunération au propriétaire de la ligne évitée.

Sur le moment, cette mesure semblait être raisonnable. En fait, elle stoppait une politique de dumping tarifaire provoquée à l'époque par le «Midi». Mais les conséquences en furent improductives sinon catastrophiques dans les décennies suivantes.

Depuis la mise en service complète de la ligne des Cévennes en 1870, l'itinéraire le plus court entre les vignobles étendus de la région de Béziers et Paris se faisait par cette ligne du P. L. M. Effectivement,

les transports marchandises empruntaient l'itinéraire de la vallée du Rhône, appartenant à la même société et à profil plus facile. Une certaine perte kilométrique était compensée par le déplacement de la limite tarifaire entre le P. L. M. et le P. O. vers l'ouest. Celle-ci ne se trouvait pas loin de Carcassonne.

Le P. O. qui profitait des transports de vins au-delà seulement, se vit désavantagé. L'ouverture de la ligne des Causses (Béziers–Neussargues), située à l'ouest de celle des Cévennes, en 1888 n'améliora pas la situation mais offrait au P. O. la chance de déplacer la frontière en question à l'est de Béziers par la construction d'un raccordement de Neussargues, terminus nord de la ligne des Causses, à Bort-les-Orgues, situé plus au nord où une ligne P. O. vers Paris via Montluçon existait depuis 1882 déjà. Cette ligne nouvelle fut achevée en 1908. Les trains de marchandises en transit vers Paris n'y circulaient jamais en raison de son profil très mauvais (rampes jusqu'à 30‰, rayons minimaux de 150 m seulement). Ils continuaient à rouler sur les lignes de la vallée du Rhône appartenant au P. L. M., responsable des frais d'exploitation et, en plus, obligé de rémunérer le P. O. (et le Midi) pour la non-utilisation de l'itinéraire plus court.

Besonderheiten

Diese Linie war das Ergebnis eines erbitterten Konkurrenzkampfes zwischen den früheren, privaten Eisenbahngesellschaften P. L. M. (Paris–Lyon–Méditerranée) und P. O. (Paris–Orléans). Erstere betrieb die Eisenbahnen im östlichen, letztere diejenigen im westlichen Zentralmassiv. Bei der Auseinandersetzung ging es um den kürzesten Weg, d. h. um die kleinste Tarifdistanz für die einträglichen Weintransporte vom Languedoc, insbesondere von der Region Béziers aus, nach Paris.

Bereits 1863 hatten die beiden Gesellschaften sowie die im Süden des Landes operierende «Midi» in einem Abkommen festgelegt, dass für die Tarifierung im Güterverkehr jeweils die kürzeste Strecke massgeblich sein sollte, unabhängig vom wirklichen Transportweg, der zur Vermeidung von Gebirgsstrecken über einen Umweg führen konnte. Die den Transport ausführende Gesellschaft schuldete der Konkurrentin, deren kürzere Strecken umfahren wurden, eine Entschädigung.

Was im Moment als sinnvoll erschien und tatsächlich vorerst einem Tarifdumping von seiten der «Midi» ein Ende setzte, erwies sich in den folgenden Jahrzehnten als verhängnisvoll, ja sogar als verheerend.

Seit der durchgehenden Eröffnung der Cevennenbahn im Mai 1870 führte der Tarifweg von den ausgedehnten Wein-

baugebieten um Béziers im Languedoc nach Paris über diese der P. L. M. gehörende Linie. Die Güterzüge benützten jedoch die viel vorteilhafter trassierten und im Betrieb wesentlich billigeren P. L. M.-Linien im Rhonetal. Der Bau der Cevennenbahn mag der P. L. M. den Verlust einiger Tarifkilometer gebracht haben, dürfte jedoch andererseits die Grenze der preisgünstigsten Transporte auf Kosten der P. O. ebensoweit nach Westen verschoben haben. Diese Grenze befand sich nun unweit von Carcassonne.

Die P. O. sah sich somit am kürzeren Hebelarm. Daran änderte auch nichts, als die «Ligne des Causses» von Béziers nach Neussargues mit dem berühmten Viaduc de Garabit 1888 in Betrieb kam. Wohl aber erkannte die P. O. nun die Chance, die Grenze zur P. L. M. zu ihrem Vorteil ostwärts zu verschieben, indem sie von Neussargues aus nordwärts eine neue Verbindung durch das Hochland im Departement Cantal nach Bort-les-Orgues baute, von wo aus seit 1882 bereits eine Verbindung nordwärts nach Paris über Montluçon existierte.

Die Linie von Neussargues nach Bort-les-Orgues wurde 1908 in Betrieb genommen. Zwar rollten nie direkte Güterzüge vom Languedoc nach Paris darüber. Als reine Scheinabkürzung war sie viel zu schlecht trassiert, wies Maximalsteigungen von 30‰ und einen minima-

Le P.L.M. réagit à la situation par la construction de la ligne de raccordement de Brioude à St-Flour, mise en service en 1910. Ainsi la frontière établie par le P.O. fut remise à nouveau à l'ouest de Béziers. Toutefois, la rémunération due à la société du Midi restait. Celle-ci jouait donc le rôle agréable de troisième parti, vainqueur réel des combats entre les deux autres contractants. Après l'électrification de la ligne des Causses, entreprise en raison de son profil extrêmement difficile, un certain nombre de trains de marchandises et de vins en particulier transitaient effectivement sur cette ligne vers Paris mais pendant quelques années seulement.

Un nouvel accord entre le P.L.M. et le P.O. stoppa la construction d'autres lignes concurrentes en 1908. C'était urgent parce que le P.O. avait en projet la réalisation d'une autre ligne, située à l'ouest de celle des Causses et à profil pire que celle-ci.

Malgré tout, un raccourci additionnel fut mis en service en 1932 encore par le P.L.M., de La Ferté-Hauterive à Gannat, sans desserte de St-Germain-des-Fossés et de Vichy.

Mais ces deux sociétés se causèrent mutuellement bien des problèmes pendant de longues années; les concessions des lignes en question étaient liées à celles d'autres lignes inintéressantes pour les sociétés en raison de leur peu de rentabilité mais fortement désirées par les régions concernées. Une de ces lignes que l'on peut appeler ligne d'octroi figure dans ce livre: c'est celle du Puy à Lalevade-d'Ardèche jamais achevée par le P.L.M.

De plus, les lignes compétitives – il y en avait d'autres au nord du Massif Central et dans la région de Paris – absorbaient des moyens nécessaires aux investissements plus utiles ailleurs, ce qui était défavorable au moment où la concurrence routière commençait à jouer son rôle.

Quant à la ligne de Brioude à St-Flour, ses rampes de 33‰ étaient encore plus fortes qu'entre Neussargues et Bort (30‰) et identiques à celles de la ligne des Causses. Pour les convois lourds, elle était trop difficile, elle n'en servit qu'à des essais exceptionnels de freinage. Un rebroussement à Brioude au lieu de Neussargues servait peut-être à réduire la distance tarifaire de Béziers à Paris de quelques kilomètres. La ligne assurait trois courses aller et retour locales et celle du train de nuit de Paris à Béziers qui faisait auparavant le détour par Neussargues. Mais après la création de la SNCF (début 1938), ce train emprunta à nouveau le parcours plus long par Neussargues et le nombre de communications locales fut réduit sur le Brioude–St-Flour. En 1940, la ligne assez peu utile pour la région fut fermée au service voyageurs et son trafic marchandises toujours très restreint fut supprimé les années suivantes (les sources de renseignements sont très différentes au sujet). La ligne fut déferrée plus tard.

Ironie particulière: quelques tunnels de cette ligne construite pour des raisons tarifaires en rapport avec le transport des vins continuent à servir la branche de l'alimentation sous forme d'entrepôt de fromages: le climat y est sans doute favorable à la fermentation de ce produit.

len Kurvenradius von nur 150 Metern auf. Die Güterzüge benützten weiterhin die P.L.M.-Linien im Rhonetal; diese Gesellschaft hatte somit die Betriebskosten zu tragen und musste erst noch die P.O. für die Umfahrung entschädigen.

Die P.L.M. reagierte ihrerseits mit dem Bau der Abkürzungslinie von Brioude nach St-Flour, die 1910 eröffnet wurde. Durch sie wurde die Tarifgrenze zur P.O. wieder westlich von Béziers verlegt. Der lachende Dritte in der ganzen Angelegenheit war die «Midi», welche weiterhin von Entschädigungen profitieren konnte, ohne Betriebsaufwendungen in diesem Zusammenhang zu haben. Erst nach der Elektrifikation der Ligne des Causses (durchgeführt mit Rücksicht auf die Steilrampen, nicht auf den Verkehrsumfang) befuhren tatsächlich gewisse Güterzüge Richtung Paris, insbesondere solche mit Weintransporten, während wenigen Jahren auch die Ligne des Causses.

Ein neues Abkommen zwischen P.L.M. und P.O. verhinderte die Realisierung einiger noch unzweckmässigerer Konkurrenzlinien, insbesondere ein unrealistisches Projekt der P.O. westlich der Ligne des Causses. Völlig verhindert wurden Konkurrenzlinien dennoch nicht: Noch 1932 nahm die P.L.M. nördlich des Zentralmassivs eine Abkürzung von La Ferté-Hauterive südlich von Moulins und Gannat in Betrieb, eine Abkürzung, welche sowohl den Knotenpunkt von St-Germain-de-Fossés als auch die Bäderstadt Vichy umging.

Die beiden Gesellschaften trugen noch jahrzehntelang am Erbe ihres unseligen Konkurrenzkampfes. Einmal hatten sie die Konzessionen für realisierte Konkurrenzlinien nur unter Auflage der Verpflichtung zum Bau keineswegs rentabler, aber von den Regionen gewünschter Nebenlinien in abgelegenen Gebieten erhalten. Eine dieser Linien wird in

diesem Buche vorgestellt: Die nie vollendete Verbindung von Le Puy nach Lalevade-d'Ardèche (P.L.M.).

Zweitens waren die Investitionen für realisierte Konkurrenzlinien durchaus auf Kosten notwendigerer Investitionen gegangen, was sich rächte, als der Strassenverkehr zur ernsthaften Konkurrenz wurde.

Die Maximalsteigungen der Linie Brioude–St-Flour waren mit 33‰ noch grösser als im Falle Neussargues–Bort, der Konkurrenzlinie der P.O., und gleich gross wie auf der Ligne des Causses. Für schwere Züge war sie völlig ungeeignet, ausser im Falle von Bremsversuchen. Sie wurde durch drei Lokalzugspaare täglich bedient (davon ein gemischter Reise-/Güterzug), dazu kam der Nachtschnellzug Paris–Béziers, der zuvor den Umweg über Neussargues eingeschlagen hatte. Statt der dortigen Spitzkehre gab es nun eine solche in Brioude, um die Abzweigung um einige Kilometer näher an das ferne Paris zu rücken und damit die kürzeste Tarifverbindung erst sicherzustellen. Nach Schaffung der SNCF (Anfang 1938) wurde dieser Zug wieder über Neussargues geführt und die Zahl der Lokalkurse reduziert. Schon 1940 wurde dann die selbst für die Region durchaus unnötige Strecke, deren Stationen von den Siedlungen meist recht weit entfernt waren, um einige Kilometer zu sparen, für den Personenverkehr geschlossen. Noch einige Jahre später folgte die Stilllegung für Güterverkehr, und schliesslich wurde die Linie abgebrochen.

Ironie des Schicksals: Einige Tunnels der im Konkurrenzkampf um lukrative Weintransporte erbauten Linie dienen der Nahrungs- und Genussmittelbranche noch heute: als Lager mit zweifellos günstigen klimatischen Bedingungen für die Reifung von Käse.

22

Deux photos de la ligne déferrée de Brioude à St-Flour. L'origine de la ligne fut le résultat d'une concurrence trop vive entre le P. L. M. et le P. O., chacune de ces sociétés essayant de gagner l'itinéraire le plus court pour la tarification du transport des vins du Languedoc à Paris. L'ancienne gare de St-Beauzire-la Chomette sert actuellement à une colonie de vacances.
18. 7. 1980

Zwei Bilder von der abgebrochenen Linie Brioude–St-Flour, die ihre seinerzeitige Existenz einem Konkurrenzkampf der beiden Eisenbahngesellschaften P. L. M. und P. O. verdankte. Es ging um den kürzesten Tarifweg für Weintransporte vom Languedoc nach Paris. Das Stationsgebäude von St-Beauzire–la Chomette dient heute einer Ferienkolonie.
18. 7. 1980

En rampe légère, la ligne quitte la vallée de l'Allier après Brioude pour desservir l'embranchement vers Le Puy–St-Etienne à St-Georges-d'Aurac. Le Cévenol en direction de Nîmes sur le pont sur la Sénouire près de la gare supprimée de Frugières-le-Pin.
18. 7. 1980

Nach Brioude verlässt die Strecke in leichter Steigung vorübergehend das Allier-Tal und bedient in St-Georges-d'Aurac den Abzweigpunkt Richtung Le Puy–St-Etienne. Der Cévenol, Richtung Nîmes, auf der Sénouire-Brücke unweit der aufgehobenen Station Frugières-le-Pin.
18. 7. 1980

St-Georges-d'Aurac, gare de correspondance pour Le Puy et St-Etienne. Le Cévenol en direction de Clermont-Ferrand–Paris avec autorail pour Le Puy.
3. 9. 1985

St-Georges-d'Aurac. Anschlussstation Richtung Le Puy–St-Etienne. Der Cévenol Richtung Clermont-Ferrand–Paris und Anschlusszug nach Le Puy.
3. 9. 1985

24

ST-ETIENNE – LE PUY – ST-GEORGES-D'AURAC

138,5 km

Ouvrages d'art / Kunstbauten

Gare, Tunnel, Viaduc Bahnhof, Tunnel, Viadukt	Longueur Länge m	Hauteur Höhe m	Arches Bögen	en courbe in Kurve	km	Altitude Höhe m
FIRMINY						
Fraisse-Unieux						
2 tunnels						
Le Pertuiset						
Tunnel, viaduc, tunnel						
Semène						
Viaduc de la Semène	29	10	3 x 8 m			
Aurec					113,7	
Tunnel de Tachon	385			R = 350 m		
Tunnel de Mesonnet (Meysonny)	163					
Viaduc de Foltier (Foletier)	92	19	7 x 8 m			
Bas-Monistrol					102,75	
Tunnel de Gournier	600					
Tunnel de Chazelles	263			R = 287 m		
Tunnel de Nantet	134			R = 270 m		
Viaduc de Nantet (sur la Loire)	143	10	6 x 16 m			
Pont-de-Lignon						
Tunnel de Confolent	156			R = 281 m		
Beauzac						
Viaduc de Brenas (sur la Loire)	144	14	5 x 15 m			
Galerie de Bourange	85			R = 297 m		
Viaduc de Chambonnet (sur la Loire)	148	13	6 x 15 m	R = 298 m		
Retournac					85,3	
Viaduc de Retournac (sur la Loire)	135	16	6 x 15 m			
Tunnel de Boutère	105			R = 292 m		
Chamalières					81,6	
Viaduc de Chamalières (sur la Loire)	151	16	6 x 15 m	R = 270 m		
Tunnel de Leyret	180			R = 281 m		
Tunnel de Chambon	41			R = 581 m		
Tunnel de Vorey	250			R = 343 m		
Viaduc sur l'Arzon	85	9	5 x 10 m	R = 300 m		
Vorey					73,1	
Vorey						
Tunnel de Margeaix	70					
St-Vincent-le-Château						
Tunnel de St-Robert	38			R = 285 m		
Lavoute-sur-Loire						
Viaduc de la Voute (sur la Loire)	122	19	5 x 15 m			
Viaduc de Tholenie (sur la Loire)	124	12	5 x 15 m			
Viaduc de St-Simon (sur la Loire)	100	15	3 x 20 m			
Tunnel de St-Simon	344			R = 292 m		
Tunnel de Brestilhac 1	41			R = 372 m		
Tunnel de Brestilhac 2	46					
Viaduc de Peyredeyre (sur la Loire)	132	14	5 x 15 m	R = 396 m		
Tunnel de Chilhac (Cheylard)	230			R = 294 m		
Viaduc du Cheyrac	57	20	4 x 8 m			
Viaduc des 14 Arches (sur la Borne)	230	22	4 x 12 m	R = 287 m		
LE PUY					52,5	
Tunnel de Taulhac	112					
Pont sur le Dolaizon (metal)	79	10	1 x 25 m			
Viaduc du ravin de la Combe	52	12	4 x 8 m			
Viaduc sur la Borne	120	18	3 x 25 m			
Tunnel des Estreys	132					
St-Vidal					42,5	739
Viaduc de Chazeaux (sur la Borne)	96	17	2 x 25 m			
Borne					38,9	772
Lissac					34,6	837
DARSAC					31,4	886
Tunnel de Fix-St-Geneys	2118					1002
				(Point culminant / Scheitelpunkt)		
(Fix-St-Geneys, gare supprimée/ aufgehobene Station)					24,2	997
Lachaud - Curmilhac					19,2	898
Viaduc de Bavat	111	16	10 x 6 m			
Tunnel de Bavat	335					
Rougeac					7,0	686
Aurac-Lafayette					4,3	636
ST-GEORGES-D'AURAC					0	572

Particularités

Déclivité maximale / Maximalneigung	St-Etienne – Firminy	20 o/oo
	Firminy – Le Puy	7 o/oo
	Le Puy – St-Georges-d'Aurac	22,7 o/oo
Rayon plus faible / minimaler Kurvenradius	St-Etienne – Le Puy	270 m
	Le Puy – St-Georges-d'Aurac	250 m
Dénivellation / Höhendifferenz	Le Pertuiset – Tunnel de Fix-St-Geneys	571 m
	Tunnel de Fix-St-Geneys – St-Georges-d'Aurac	430 m
Altitude maximale / Höchster Punkt	Tunnel de Fix-St-Geneys Portail Nord / Nordportal	1002 m
Concession / Konzession	Grand Central	2. 5.1855
	Cession au P.L.M. / Uebergang an P.L.M.	11.4./19.6.1857
Mise en service / Inbetriebnahme	St-Etienne – Firminy (à double voie / doppelspurig)	30. 5.1857
	Firminy – Pont-de-Lignon	9.11.1863
	Pont-de-Lignon – Le Puy	14. 5.1866
	Le Puy – St-Georges-d'Aurac	18. 5.1874
Embranchements / Zweiglinien	Firminy – Dunières	1. 9.1885
	Firminy – St-Just-sur-Loire *	1. 9.1885

* déclassé / stillgelegt

Une première concession de cette voie de communication fut attribuée à une société dénommée Grand Central comme section d'une liaison de Lyon à Bordeaux. Après la faillite de cette société, le P.L.M. héritait la concession en 1857.

La gare de St-Etienne-Carnot, à 1 km environ de celle de St-Etienne-Châteaucreux en direction du Puy, a amélioré la desserte ferroviaire du centre de cette ville depuis 1981, la situation de celle de Châteaucreux n'étant pas idéale. Les parcours de nombreux trains en provenance de Lyon sont prolongés à Carnot. Le tronçon de St-Etienne-Carnot à Firminy, traversant l'une des zones houillères de la région, était à double voie dès son origine. En 1980, le tronçon dans le tunnel de la Croix-de-l'Orme, situé entre les gares de St-Etienne-Bellevue et de La Ricamarie et long de 2081 m, devint à une seule voie lors de la réfection de la voûte après plus de 120 ans de service. L'embranchement de Firminy à Dunières, jadis première section d'une liaison à St-Rambert-d'Albon (ligne de la rive droite du Rhône) via Bourg-Argental et Annonay, avec pentes maximales de 30‰ et une boucle complète à Bourg-Argental, se termine en cul de sac maintenant; sur la suite de la ligne fermée au trafic voyageurs entre 1940 et 1973, la voie était déposée partiellement entretemps.

A partir de Dunières, un réseau en voie métrique existait pour desservir la région. Seule la ligne de Dunières à St-Agrève a subsisté sous forme de chemin de fer touristique exploité avec du matériel historique.

Pendant quelques décennies, le tronçon de Firminy à Fraisse-Unieux était à double voie après la mise en service d'une ligne de raccordement (en 1865) à St-Just-sur-Loire, ligne parallèle à celle du Puy sur quelques kilomètres, à l'ouest de la gare de Fraisse-Unieux, où quelques tunnels sont encore visibles du train. Fermée au trafic voyageurs en 1939, cette voie ferrée fut déposée en partie et un tronçon dans la vallée étroite de la Loire en aval de Fraisse-Unieux fut noyé par les eaux du barrage d'une usine électrique: belle occasion de visiter les tunnels en canot!

Après le court tunnel du Pertuiset, le visage du paysage change rapidement. La voie ferrée longe la Loire jusqu'à quelques kilomètres avant Le Puy, en quittant toutefois la vallée pour desservir la gare de Bas-Monistrol. Elle traverse la Loire plusieurs fois sur des viaducs de taille moyenne. Elle est assez pittoresque mais ne figure dans la littérature ferroviaire que rarement.

La section du Puy à St-Georges-d'Aurac est la seule à caractère de ligne de montagne proprement dit. Ses rampes sont toutefois inférieures à celles des autres

Besonderheiten

lignes du Massif Central, mais les rayons des courbes sont assez faibles. Les congères représentent parfois un problème important pendant l'hiver. En automne 1977, la ligne fut interrompue pendant quelques mois à la suite d'un glissement de terrain en amont de St-Vidal. Elle fut remise en service à la fin février 1978.

La desserte de Firminy au Puy se fait par 6 à 7 courses voyageurs journalières, aller et retour, dont quelques-unes ne s'arrêtent qu'aux gares d'une certaine importance. Il existe quelques communications directes avec Lyon, et, en outre, un certain trafic marchandises. 5 à 6 courses voyageurs entre Le Puy et St-Georges-d'Aurac, c'est un horaire relativement dense par rapport aux autres lignes secondaires en France.

Quelques liaisons directes du Puy à Clermont-Ferrand existent. Pendant la saison des vacances d'été la ligne est parcourue par une course directe de Lyon à Toulouse et vice versa.

Les croisements de trains entre Le Puy et St-Georges-d'Aurac ne sont possibles qu'à Darsac.

Quelques transports de bois provenant des lignes au nord de Darsac (fermées au trafic voyageurs) circulent sur le tronçon de Darsac au Puy. Au-delà de Darsac, par contre, il n'y a pas de trafic marchandises régulier.

Die Konzession für die ganze Strecke ging ursprünglich an eine Gesellschaft namens «Grand Central», welche eine Verbindung von Lyon nach Bordeaux plante. Nach dem Konkurs dieser Gesellschaft ging die Konzession 1857 an die P. L. M. über. Die Daten der Streckeneröffnungen sind aus der Aufstellung ersichtlich.

Der Bahnhof St-Etienne-Châteaucreux befindet sich etwas abseits vom Stadtzentrum und liegt im städtischen Tram- und Busnetz nicht besonders günstig. Deshalb wurde 1981 auf einem Viadukt der nach Le Puy führenden Linie die Haltestelle St-Etienne-Carnot eingerichtet. Zahlreiche Züge der Verbindung Lyon–St-Etienne laufen bis Carnot weiter.

Der Abschnitt St-Etienne–Carnot–Firminy, durchwegs in Kohlebaugebieten verlaufend, war von Anfang an doppelspurig. 1980 musste jedoch das Gewölbe des 2081 m langen Tunnel de la Croix-de-l'Orme (nach dem Bahnhof St-Etienne-Bellevue) nach über 120 Betriebsjahren erneuert werden, was mit der Reduktion auf eine einzige Spur im Tunnel verbunden wurde.

In Firminy zweigt eine Stichbahn nach Dunières ab, die früher Teil einer Verbindung über Bourg-Argental–Annonay nach St-Rambert-d'Albon im Rhonetal war. Diese Fortsetzung wies 30‰ Maximalgefälle auf und in Bourg-Argental sogar eine Kreiskehre. Sie wurde zwi-

schen 1940 und 1973 für den Personenverkehr geschlossen und inzwischen teilweise abgebrochen. Dunières war ferner Ausgangspunkt eines früher weit verzweigten Meterspurnetzes, von welchem die Strecke nach St-Agrève als Museumsbahn überlebt hat.

Der kurze Abschnitt von Firminy nach Fraisse-Unieux wurde 1885 für einige Jahrzehnte zur Doppelspur, als eine Zweiglinie von Fraisse-Unieux nordwärts nach St-Just-sur-Loire eröffnet wurde. Westlich von Fraisse-Unieux verlief diese Strecke ein Stück weit parallel zur Linie nach Le Puy. Ihre separaten Tunneleingänge sind noch zu sehen. Sie wurde 1939 für den Personenverkehr geschlossen und inzwischen teilweise abgebrochen. Ein Abschnitt unterhalb Fraisse-Unieux wurde inzwischen durch einen Stau der Loire unter Wasser gesetzt, was Kanusportlern die Gelegenheit zu aussergewöhnlichen Tunnelbesuchen gibt.

Ganz unvermittelt ändert der Landschaftscharakter beim Verlassen des Tunnels bei Le Pertuiset. Die Strecke verläuft bis kurz vor Le Puy mehr oder weniger im oberen Loiretal, dieses stellenweise auch verlassend, und quert die Loire verschiedene Male auf kleineren bis mittelgrossen Viadukten.

Eigentlichen Gebirgsbahncharakter weist erst das Schlussstück von Le Puy nach St-Georges-d'Aurac auf. Zwar sind

die Maximalsteigungen etwas kleiner als auf anderen Strecken im Zentralmassiv, aber der minimale Kurvenradius ist eng. Manchmal gibt es im Winter Probleme mit Schneeverwehungen. Im Herbst 1977 wurde der Abschnitt oberhalb der Haltestelle von St-Vidal durch Geländerutschungen unterbrochen und war bis Ende Februar 1978 ausser Betrieb.

Zwischen Firminy und Le Puy verkehren täglich 6 bis 7 Zugspaare, wobei einige Züge nur die grösseren Stationen bedienen. Es bestehen einige Direktverbindungen mit Lyon. Dazu kommt noch etwas Güterverkehr. Zwischen Le Puy und St-Georges-d'Aurac sind es 5 bis 6 Zugspaare täglich, eher viel für französische Nebenlinien. Einige Züge stellen Direktverbindungen zwischen Le Puy und Clermont-Ferrand her. In den Hauptreisemonaten im Sommer wird die Linie von der Triebwagenverbindung Lyon–Toulouse mitbenützt. Zugskreuzungen zwischen Le Puy und St-Georges-d'Aurac sind nur noch in Darsac möglich.

Le Puy–Darsac wird auch von Güterzügen (hauptsächlich Holztransporten) abgehen für den Personenverkehr geschlossenen Linien nördlich von Darsac benützt. Zwischen Darsac und St-Georges-d'Aurac verkehren normalerweise keine Güterzüge.

St-Etienne a gardé une ligne de tramway. Celle-ci fut prolongée à son extrémité sud en février 1983. La gare de St-Etienne-Carnot est installée sur le viaduc de la ligne vers Le Puy, solution un peu problématique quant à l'aspect esthétique urbain mais pratique sans doute.
23. 5. 1983

St-Etienne hat das Tram nicht völlig aufgegeben. Die einzige Tramlinie wurde im Februar 1983 an ihrem südlichen Ende sogar verlängert. Auf dem Viadukt der nach Le Puy führenden Linie der nachträglich gebaute Bahnhof St-Etienne-Carnot, eine wenn auch nicht gerade ästhetisch gelungene, so doch für die Bedienung des Stadtzentrums sinnvolle Lösung.
23. 5. 1983

Pas très beau mais fascinant: paysage dominé par les installations et les cônes de déjection des mines de charbon près de la gare de St-Etienne-le-Clapier. 23.5.1983

Nicht besonders schön, aber faszinierend: Bergbaulandschaft mit Schachtturm und Abraumhalde bei der Station St-Etienne-le Clapier. 23.5.1983

29

Changement du paysage après le tunnel du Pertuiset: la jolie vallée de la Loire se substitue à la région industrialisée. Vue prise en aval, en amont du Pertuiset.
11. 7. 1983

Völlig veränderte Landschaft nach dem Tunnel du Pertuiset: Das Tal der Loire statt der Industrielandschaft. Aufnahme talabwärts, etwas oberhalb Le Pertuiset.
11. 7. 1983

Le premier des neuf viaducs de la Loire sur le parcours au Puy, en aval de Pont-de-Lignon (à droite).
21.5.1983

Der erste von neun Viadukten über die Loire an der Linie nach Le Puy, unterhalb Pont-de-Lignon (rechts).
21.5.1983

Autorail pour Le Puy passant par la petite localité du Chambon entre Chamalières (derrière le photographe) et Vorey.
17.7.1971

Der Weiler Le Chambon; Richtung Le Puy fahrender Autorail zwischen Chamalières (rückliegend) und Vorey.
17.7.1971

31

32

◄ Photo relativement rare d'une rame RGP, en vert clair et de première classe seulement à l'époque, dans les gorges de Peyredeyre entre Lavoute-sur-Loire (direction de vue) et Le Puy. Elle assurait une liaison directe de St-Germain-des-Fossés au Puy via St-Etienne.
16. 7. 1971

◄ Eher seltene Aufnahme eines RGP-Triebwagens («Rames à Grands Parcours»), damals noch in Hellgrün und nur mit 1. Klasse, in den Gorges de Peyredeyre zwischen Lavoute-sur-Loire (Blickrichtung) und Le Puy. Damalige Direktverbindung St-Germain-des-Fossés–St-Etienne–Le Puy.
16. 7. 1971

Le Cévenol passe devant le château ruiné de Domeyrat, entre Brioude et Paulhaguet.
13. 7. 1980

Der Cévenol vor der Burgruine von Domeyrat zwischen Brioude und Paulhaguet.
13. 7. 1980

Le château de Lavoute-Polignac, un des premiers châteaux situés sur les bords de la Loire, un peu en amont de la gare de Lavoute-sur-Loire (localité vers la droite).
17. 7. 1971

Das Schlösschen von Lavoute-Polignac, eines der obersten an der Loire, etwas oberhalb der Station Lavoute-sur-Loire (rechts).
17. 7. 1971

34

Autorail à deux caisses, série 4500, sur le petit viaduc sur la Dore à Olliergues. Un trumeau sur deux est peint en gris pour donner un aspect un peu plus élégant à la rame.
17. 8. 1970

Zweiteiliger Autorail, Serie 4500, auf dem kleinen Viadukt über die Dore in Olliergues. Jeder zweite Fensterpfosten ist dunkelgrau gestrichen, um den Fahrzeugen ein etwas eleganteres Äusseres zu verleihen.
17. 8. 1970

Vue sur Langogne entre Lachaud-
Curmilhac et Rougeac (à droite).
7. 4. 1985

Ausblick auf Langeac im Streckenabschnitt zwischen Lachaud-Curmilhac
und Rougeac (rechts).
7. 4. 1985

Le Puy avec la ligne de St-Georges-d'Aurac. Sur le rocher, un dyke volcanique; à gauche, la chapelle de St-Michel-d'Aiguilhe, construite en XIᵉ siècle. Au milieu à l'arrière-plan sur d'autres rochers volcaniques, la statue de la Vierge et la cathédrale.
8. 4. 1985

Le Puy mit der Linie Richtung St-Georges-d'Aurac. Links Schlot eines erloschenen Vulkans mit Kapelle St-Michel-d'Aiguilhe aus dem 11. Jahrhundert; hinten, auf weiteren erloschenen Vulkanen, die Marienstatue und rechts davon die Kathedrale.
8. 4. 1985

L'un des petits viaducs sur la Borne entre Le Puy et Darsac, avec les Orgues d'Espaly, belles formes de basalte, entre Le Puy (derrière le photographe) et St-Vidal. Ce matériel gris foncé ou devenu brun en raison de l'effritement est du magme refroidi après éjection, formant parfois ces piliers en forme d'orgues bizarres.
17. 6. 1976

Einer der kleinen Viadukte über die Borne zwischen Le Puy und Darsac. Hinten merkwürdige Säulen aus Basalt, einem vulkanischen Ergussgestein, welches oft säulenförmig erstarrt. In der Region spricht man von «Orgues», also Orgelpfeifen. Die Orgues d'Espaly zwischen Le Puy (rückliegend) und St-Vidal.
17. 6. 1976

A Darsac, les deux lignes de St-Georges-d'Aurac (avec autorail) et de Sembadel–Vichy (voie droite). Sur cette dernière, un service d'autocars a été substitué aux autorails en automne 1971.
9. 2. 1986

Darsac, Abzweigbahnhof der Linien nach St-Georges-d'Aurac (mit Autorail) und Vichy. Auf der letzteren Linie wurde der Personenverkehr im Herbst 1971 auf die Strasse verlegt.
9. 2. 1986

Fix-St-Geneys, gare désaffectée en 1968 en raison de sa situation isolée et éloignée de la localité. Locotracteur à la sortie du tunnel de faîte de la ligne.
3. 9. 1985

Fix-St-Geneys, früheres Statiönchen im Wald für eine recht weit entfernte Ortschaft. Kleinlokomotive («Locotracteur») mit Bauzug bei der Ausfahrt aus dem Scheiteltunnel.
3. 9. 1985

Autorail pour St-Georges-d'Aurac près de
la petite gare de Lachaud-Curmilhac,
transformée en point d'arrêt.
3. 9. 1985

Autorail Richtung St-Georges-d'Aurac bei
der Station Lachaud-Curmilhac, die zur
unbedienten Haltestelle umgewandelt
worden ist.
3. 9. 1985

Entre Lachaud-Curmilhac et Rougeac,
une très jolie section de la ligne qui con-
tourne le Mont Briançon par un grand
lacet, évitant un tunnel et des rampes
plus dures. Vue sur Vissac.
17. 6. 1976

Der ausgesprochen hübsche Streckenabschnitt zwischen Lachaud-Curmilhac
und Rougeac. Der Mont Briançon wird
zur Vermeidung eines Tunnels und grös-
serer Steigungen in weitem Bogen
umfahren. Blick auf den Weiler Vissac.
17. 6. 1976

(VICHY–)PONT-DE-DORE–DARSAC(–Le Puy)
150 km

Ouvrages d'art / Kunstbauten

Gare, Tunnel, Viaduc / Bahnhof, Tunnel, Viadukt	Longueur Länge m	Hauteur Höhe m	Arches Bögen m	en courbe in Kurve	km	Altitude Höhe m
PONT-DE-DORE					0	304
Nérondes					6	
Tunnel des Graves	293					
Courpière					10,7	
Viaduc sur la Dore (métallique)	95	7	2 x 37,5 m			
Tunnel de Sauriat	254			R = 250 m		
Tunnel d'Archimbaud	127			R = 300 m		
Tunnel de Cublas	184			R = 300 m		
Tunnel des Graves	314			R = 300 m		
Viaduc sur la Dore	91	16	6 x 10 m	R = 300 m		
Viaduc sur la Dore	70	12	3 x 15 m			
Giroux					22,8	
Pont métallique sur la Dore	53	9	1 x 40 m			
Tunnel de St-Gervais	105			R = 300 m		
Tunnel de Constancis	64			R = 300 m		
Viaduc de la Valette (sur la Dore)	70	10	3 x 13,5 m	R = 300 m		
Viaduc sur ravin	153	20	11 x 10 m	R = 300 m		
Viaduc de Villadeyre (sur la Dore)	127	24	8 x 10 m	R = 300 m		
Tunnel d'Olliergues	123					
OLLIERGUES					27,8	
Tunnel du Chalard	235			R = 300 m		
Tunnel du Got	48			R = 300 m		
Pont-de-David					32,5	
Tunnel de Flouvat	125			R = 300 m		
Viaduc sur la Dore	79	10	3 x 12 m			
Vertolaye					35,8	
Viaduc sur la Dore (métallique)	69	8	2 x 20 m			
Tunnel du Chatelet	84			R = 300 m		
Tunnel du Perrier	246			R = 300 m		
Ambert					47,9	537

Gare, Tunnel, Viaduc / Bahnhof, Tunnel, Viadukt	Longueur Länge m	Hauteur Höhe m	Arches Bögen m	en courbe in Kurve	km	Altitude Höhe m
Ambert						
Viaduc sur la Dore (métallique)	66	7	13,3 + 14,8 + 29,6 m			
Marsac-en-Livradois					55,6	
ARLANC					63,6	615
Mayres					68,7	
Viaduc sur ravin	115	15	7 x 8 m 1 x 14 m	R = 250 m		
Tunnel de Notre-Dame	34			R = 250 m		
Viaduc sur ravin	97	12	13 x 6 m			
Tunnel de Rouaire	76			R = 250 m		
Viaduc sur ravin	95	12	9 x 6 m	R = 200 m		
Tunnel des Mailles	40			R = 250 m		
St-Sauveur-La Sagne					73,0	
Tunnel de St-Sauveur	109			R = 200 m		
Tunnel de Besse	110					
Viaduc sur la Dore	146	21	8 x 12 m			
St-Alyre					77,4	
Viaduc sur ravin	92	23	6 x 10 m	R = 300 m		
Viaduc sur ravin	135	16	9 x 10 m	R = 500 m		
La Chapelle-Geneste					83,5	
La Chaise-Dieu					88	1082
SEMBADEL					93	1089
Lac de Malaguet					97	
Monlet					100	
Allègre					103	1021
Céaux-d'Allègre					108	
DARSAC					113	886

Particularités

Besonderheiten

C'est une ligne de plaine entre Vichy et Pont-de-Dore, les rampes sont modérées jusqu'à Arlanc, mais elles atteignent 30‰ au delà. Le rayon des courbes minimal de 200 m seulement n'est pas de règle dans le Massif Central. Construite comme ligne d'intérêt local, elle connût toutefois des liaisons directes entre Vichy et Clermont-Ferrand et Le Puy. Un service couchettes de Paris au Puy emprunta cet itinéraire dans les années trente.

La ligne ne fut pas touchée par la première phase de fermeture des lignes après la création de la SNCF. Par contre, en 1971, en raison de sa diminution, le trafic voyageurs fut transfert sur route entièrement entre Arlanc et Darsac (-Le Puy) et à raison de quatre sur cinq courses journalières en aval d'Arlanc. La dernière course assurant une liaison directe avec Clermont-Ferrand, connût le même sort en 1980.

Un service marchandises existe encore entre Arlanc et Pont-de-Dore. Jusqu'à 1987, quelques transports de bois existaient en amont d'Arlanc, étant donné que la région de La Chaise-Dieu figure parmi celles les plus boisées de la France. Mais en 1974, l'état de trois tunnels courts imposa la fermeture du tronçon d'Arlanc à St-Sauveur-la-Sagne, la section aux rampes les plus fortes. Les trains de marchandises de la région de la Chaise-Dieu faisaient désormais le détour via Darsac–Le Puy. En absence d'une voie d'évitement à St-Sauveur-la-Sagne, terminus de la section exploitable, les trains de marchandises en partance étaient refoulés à la petite gare de St-Alyre où la locomotive était mise en tête du train.

Le tronçon de St-Sauveur-la-Sagne à Sembadel fut fermé à tout trafic le 31 mai 1987.

Un embranchement vers Bonson (-St-Etienne) existe à Sembadel. Le trafic voyageur y fut transféré sur route en 1969 et la partie supérieure de Sembadel à Craponne ne fut plus utilisée pendant quelques années. Entre-temps, un tunnel entre Estivareilles et St-Bonnet-le-Château, situé plus bas, se détériora. Par conséquent, la ligne fut abandonnée sur cette section et vers Bonson plus tard; et les transports de bois au-delà d'Estivareilles se font par le tronçon vers Sembadel, remis en service, et Darsac. Le prolongement du parcours est assez important.

Un autorail panoramique conservé circule sur la section de Courpière à Arlanc en été depuis 1986.

Besonderheiten

Die Strecke weist bis Pont-de-Dore Flachbahncharakter auf und steigt dann bis Arlanc mässig an. Zwischen Arlanc und Darsac kommen Extremsteigungen von bis zu 30‰ vor, und der minimale Kurvenradius beträgt nur 200 m, was selbst im Zentralmassiv nicht üblich ist. Die Strecke wurde von Anfang an als reine Lokalverbindung gebaut. Immerhin bestanden Direktverbindungen von Vichy und Clermont-Ferrand nach Le Puy. In den Dreissigerjahren schlug sogar eine Liegewagenverbindung Paris–Le Puy diesen Weg ein.

Die Strecke überstand die erste Stillegungswelle zu Ende der Dreissigerjahre, wurde jedoch ab 1971 in Anbetracht des abnehmenden Verkehrsaufkommens zuerst teilweise, dann ganz auf Busbetrieb umgestellt. Davon waren 1971 die beiden Zugspaare im oberen Streckenteil Arlanc–Darsac betroffen, während es zwischen Pont-de-Dore und Arlanc vier von fünf Zugspaare waren. Das letzte, welches an Werktagen noch eine Direktverbindung Clermont-Ferrand–Arlanc hergestellt hatte, wurde 1980 durch den Bus ersetzt. Auf der Schiene blieb der Güterverkehr mit einer folgenschweren Einschränkung: Im Tal der Dore unterhalb von Arlanc gehören einige kleinere Industrien zu den Bahnkunden. Oberhalb von Arlanc wurde bis 1987 noch Holz transportiert. Mit rund 50% Waldanteil gehört die Umgebung von La Chaise-Dieu zu den waldreichsten Gegenden Frankreichs. Aber 1974 musste der diese Region bedienende Abschnitt Arlanc–St-Sauveur-la-Sagne mit dem steilsten Streckenteil auch für den Güterverkehr geschlossen werden, weil sich der Unterhalt der drei dortigen, kurzen Tunnels nicht mehr lohnte. Seither erreichten die Güterzüge den obersten Streckenteil nur noch von Le Puy–Darsac her, und weil in St-Sauveur-la-Sagne, Endpunkt des befahrbaren Abschnittes, kein Ausweichgleis vorhanden war, mussten dort eingetroffene Güterzüge nach der Beladung bis St-Alyre zurückgeschoben werden, wo dann erst die Lok umgesetzt werden konnte.

Am 31. Mai 1987 wurde der Abschnitt St-Sauveur-la-Sagne–Sembadel auch für Güterverkehr geschlossen.

In Sembadel, unweit des Scheitelpunktes der Linie, zweigt eine Nebenstrecke nach Bonson (St-Etienne) ab. Ihr bescheidener Personenverkehr wurde 1969 auf die Strasse verlegt. Ihr oberster Abschnitt Sembadel Craponne war während einigen Jahren völlig ausser Betrieb, bis sich weiter unten, zwischen Estivareilles und St-Bonnet-le-Château, ein längerer Tunnel als einsturzgefährdet erwies. Seit 1986 ist im Sommer zwischen Courpière und Arlanc ein erhalten gebliebener Autorail Panoramique als «train touristique» eingesetzt.

41

En aval de Giroux, petit train de marchan- ▶ dises pour Arlanc avec locomotive de la petite série 71000.
19. 5. 1970

Etwas unterhalb Giroux, kurzer Güterzug ▶ talaufwärts Richtung Arlanc mit Lokomotive aus der Kleinserie 71000.
19. 5. 1970

Grue servant au chargement des bois en ▶▶ gare de St-Alyre.
18. 5. 1970

Kran für Holzverlad im Statiönchen von ▶▶ St-Alyre.
18. 5. 1970

Déclivité maximale / Maximalneigung		30 o/oo
Rayon plus faible / minimaler Kurvenradius		200 m
Dénivellation / Höhendifferenz	Pont-de-Dore - Sembadel	785 m
	Arlanc - Sembadel	494 m
Altitude maximale / Höchster Punkt	Sembadel	1089 m
Déclaration d'utilité publique	Vichy - Ambert	23. 3.1874
	Ambert - Darsac	6. 8.1881
Concession / Konzession	Vichy - Ambert	23. 3.1874
	Ambert - Darsac	2. 8.1886
Mise en service / Inbetriebnahme	Vichy - Courty	10.11.1881
	Courty - Pont-de-Dore *	15. 5.1872
	Pont-de-Dore - Giroux	9. 6.1883
	Giroux - Ambert	5. 5.1885
	Ambert - Arlanc	1. 7.1893
	Arlanc - Darsac	15. 9.1902
Fermeture voyageurs / Schliessung Personenverkehr	Vichy - Courty, Arlanc - Darsac	26. 9.1971
	Pont-de-Dore - Arlanc **	28. 9.1980
Fermeture marchandises / Schliessung Güterverkehr	Puy-Guillaume - Courty	12.12.1971
	Arlanc - St-Sauveur-la-Sagne	26. 5.1974
	St-Sauveur-La Sagne - Sembadel	31. 5.1987

* Part de la relation St-Etienne - Thiers - Clermont-Ferrand / Teilstrecke der Verbindung St-Etienne - Thiers - Clermont-Ferrand

** 4 sur 5 circulations par sens remplacées par autocars le 26.9.1971 / 4 von 5 Zugspaare bereits am 26.9.1971 durch Autokurse ersetzt

Au départ de Pont-de-Dore, la ligne Vichy–Darsac monte dans la vallée de la Dore, affluent de l'Allier. La sonnerie à contrepoids, disparue entre-temps comme la marquise sur le quai, devait être remontée à la main.
16. 5. 1970

Die Linie Vichy–Darsac stieg ab Pont-de-Dore im Tal der Dore, eines Zuflusses des Allier, allmählich an. Das mechanische Läutwerk auf dem Perron wurde mit einem Gewicht im Mast betrieben und musste von Zeit zu Zeit von Hand aufgezogen werden. Es ist, wie auch das Perrondach, inzwischen verschwunden.
16. 5. 1970

43

Croisement des autorails à Giroux, où les papeteries assurent un certain trafic marchandises sur la ligne.
19. 5. 1970

Kreuzende Autorails in Giroux; Papierfabrik in Giroux, die der Linie ein gewisses Güterverkehrsaufkommen bringt.
19. 5. 1970

44

Un autorail de la série 2800 entre
en gare d'Olliergues (coté Giroux).
16. 7. 1971

Autorail, Serie 2800, von Giroux her im
Bahnhof von Olliergues einfahrend.
16. 7. 1971

La région riche en forêts entre Arlanc et
La Chaise-Dieu. Section de ligne entre
Arlanc (derrière le photographe) et
St-Sauveur-la-Sagne, neutralisée entre-
temps en raison du mauvais état de quelques tunnels. Deux courses journalières
par sens rendirent impossible une photographie prise dans des conditions idéales
de lumière.
23. 5. 1970

In der waldreichen Gegend zwischen
Arlanc (rückliegend) und La Chaise-Dieu,
unterhalb St-Sauveur-la-Sagne. Die Züge
verkehrten so selten (zwei Zugspaare im
Tag), dass es unmöglich war, einen bei
den besten Lichtbedingungen vor die Kamera zu erhalten.
23. 5. 1970

Petit viaduc près de la gare de La
Chapelle-Geneste, côté St-Alyre.
16. 8. 1970

Kleiner Viadukt unmittelbar bei der
Station La Chapelle-Geneste, Seite
St-Alyre.
16. 8. 1970

La Chaise-Dieu; locomotive série 63000
avec wagon d'accompagnement. La
dénomination de cette localité n'a rien à
voir avec un meuble mais provient du
latin: Casa dei veut dire Maison de Dieu.
20. 7. 1973

Lokomotive der Serie 63000 mit Güter-
zugsbegleitwagen vor La Chaise-Dieu.
Dieser Ortsname hat nichts mit einer
Sitzgelegenheit (Chaise) zu tun, sondern
geht auf lateinisch «casa dei», d. h.
Gotteshaus, zurück.
20. 7. 1973

46

La gare de Sembadel à l'époque des autorails.
19. 5. 1970

Als es in Sembadel noch Autorails gab.
19. 5. 1970

Sembadel–Bonson, ligne fermée aux voyageurs en été 1969 et à tout trafic de Sembadel à Craponne pendant quelques années. Cette section était rouverte quelques années après lors de la fermeture Estivareilles–St-Bonnet où la réparation d'un tunnel ne semblait plus valoir les frais. Train de marchandises près Jullianges sur la section rouverte.
17. 6. 1976

Sembadel–Bonson, 1969 für den Personenverkehr geschlossene Zweiglinie. Der Teil Sembadel–Craponne wurde zunächst völlig stillgelegt, aber einige Jahre später für Güterzüge reaktiviert, weil die Strecke zwischen Estivareilles und St-Bonnet wegen eines Tunnels, dessen Reparatur sich nicht mehr lohnte, geschlossen werden musste. Güterzug bei Jullianges auf dem wieder in Betrieb genommenen Abschnitt.
17. 6. 1976

47

48

Section finale du Vichy–Darsac. Allègre
avec son château ruiné, le 17. 5. 1970.
Champs de blé entre Allègre et Darsac,
20. 7. 1973

Schlussabschnitt der Linie Vichy Darsac.
Allègre mit seiner mittelalterlichen Ruine
am 17. 5. 1970, Ackerflächen zwischen
Allègre und Darsac.
20. 7. 1973

◄ Viaduc de l'Ance entre Pontempeyrat et
Usson-St-Pal, avec train de marchandises dans le sens indiqué. Le seul viaduc
d'une certaine importance de cette ligne
construite très économiquement avec
des rampes dures et des courbes à rayon
très faible.
16. 7. 1971

◄ Viadukt über die Ance zwischen Pontempeyrat und Usson-St-Pal, mit Güterzug in
dieser Fahrtrichtung. Der einzige grössere Viadukt der seinerzeit äusserst spar-
sam mit grossen Steigungen und kleinen
Kurvenradien gebauten Nebenstrecke.
16. 7. 1971

49

Train de marchandises provenant de
Sembadel en gare de Darsac.
3. 9. 1985

Güterzug von Sembadel her in Darsac.
3. 9. 1985

50

St-Georges–d'Aurac–Langeac–Langogue

Une pente courte entre St-Georges-d'Aurac et Langeac (train en direction inverse) conduit la ligne à nouveau dans la vallée de l'Allier, abandonnée après Brioude.
13. 7. 1980

Ein kurzer Gefällsabschnitt führt die Linie zwischen St-Georges-d'Aurac und Langeac (Zug in entgegengesetzter Richtung) ins Alliertal zurück, das sie nach Brioude verlassen hat.
13. 7. 1980

Le Viaduc de Costet sur l'Allier à Langeac, côté St-Georges-d'Aurac. Le Cévenol en direction de Nîmes–Marseille.
4. 9. 1985

Der Viaduc de Costet über den Allier unterhalb Langeac, mit dem Cévenol, Richtung Nîmes–Marseille.
4. 9. 1985

52

◄ St-Arcons, petite localité à quelques kilomètres de Langeac, avec train de marchandises pour Langeac.
4. 9. 1985

◄ St-Arcons einige Kilometer oberhalb Langeac, mit Güterzug Richtung Langeac.
4. 9. 1985

Train-bloc pour le transport de demi-produits pour l'industrie de la papeterie, de Langeac à Tarascon, en gare de Langeac.
4. 9. 1985

Blockzug für Halbfertigprodukte zur Papierherstellung, Richtung Tarascon, im Ausgangsbahnhof Langeac.
4. 9. 1985

54

◄ Langeac, dernière localité importante avant les rampes dans les gorges de l'Allier. Le Cévenol en direction de Nîmes–Marseille, avec voiture pour un service auto-jour introduit cet été à titre d'essai (sans grand succès) et, exceptionnellement, avec une voiture inox.
16. 7. 1983

◄ Langeac, die letzte grössere Ortschaft vor der langen Steigung in der Allierschlucht. Der Cévenol Richtung Nîmes–Marseille mit in diesem Sommer versuchsweise und ohne grossen Erfolg eingeführtem Autotransportwagen und ausnahmsweise mit einem älteren Inoxwagen.
16. 7. 1983

Chanteuges, localité typique construite sur des roches de basalte, materiel utilisé aussi pour la plupart des maisons et pour l'église. La gare n'est plus desservie.
Autorail Toulouse–Lyon.
16. 7. 1983

Chanteuges, für die Gegend typische Ortschaft, auf Basaltfelsen erbaut, aus welchem Material auch die meisten Häuser und die Kirche bestehen. Die Bahnstation wird nicht mehr bedient.
Autorail Toulouse–Lyon.
16. 7. 1983

Le viaduc de Chapeauroux, à hauteur
relativement faible de 17 m mais très
remarquable pour sa longueur de 433 m,
dans une courbe en fer à cheval. La localité et l'affluent de l'Allier ont le même
nom. Le Cévenol en direction de
Clermont-Ferrand–Paris.
13. 7. 1983

Der nur 17 m hohe, aber 433 m lange
Viaduc de Chapeauroux in einer Huf-
eisenkurve. Die Ortschaft trägt den
Namen des von rechts einmündenden
Zuflusses des Allier. Der Cévenol Richtung Clermont-Ferrand–Paris.
13. 7. 1983

56

La chapelle de Ste-Marie-des-Chazes dans la vallée de l'Allier en aval de Prades. Son aspect un peu triste est dû non seulement à la couleur des pierres volcaniques dont elle est construite mais aussi parce qu'on ne voit pas s'il y a des cloches ou non. Elle est toujours but de pèlerinages.
12. 7. 1983

Seltsam gespenstisch wirkt die aus schwarzbraunem, vulkanischem Gestein erbaute Kapelle Ste-Marie-des-Chazes im Tal des Allier etwas unterhalb von Prades. Der Eindruck wird dadurch verstärkt, dass keine Glocken im Turm zu sehen sind. Die Kapelle ist heute noch Wallfahrtsziel.
12. 7. 1983

Un autre aspect de la chapelle de
Ste-Marie-des-Chazes en aval de Prades.
14. 7. 1983

Die Kapelle Ste-Marie-des-Chazes aus
einem anderen Blickwinkel.
14. 7. 1983

58

La localité de Prades est située dans un des coins les plus pittoresques de la vallée de l'Allier. Vue vers l'aval. Le rocher derrière le village devait être la coulée basaltique la plus grande de la région volcanique. En outre, Prades marque la frontière entre l'Auvergne et le Velay.
11. 7. 1983

Prades an einer besonders malerischen Stelle im Tal des Allier. Blick talabwärts. Beim Basaltfelskopf im Hintergrund soll es sich um den grössten in dieser Vulkanregion handeln. Prades gilt ausserdem als Grenze der Auvergne zum Velay.
11. 7. 1983

Le viaduc de la Madeleine en aval de Monistrol-d'Allier, avec un château en ruines sur un volcan inactif.
7. 7. 1971

Der Viaduc de la Madeleine unterhalb von Monistrol-d'Allier. Oben links Burgruine auf einem erloschenen Vulkan.
7. 7. 1971

Le viaduc de Fontannes sur l'Allier à 2 km en amont de Monistrol. Le train du matin Nîmes–Clermont-Ferrand devant les formes bizarres des colonnes de basalte. Les portails des tunnels en noir et blanc sont une particularité de cette section de la ligne.
7. 7. 1971

Viaduc de Fontannes ca. 2 km oberhalb Monistrol-d'Allier. Vormittagszug Richtung Clermont-Ferrand mit besonders schönen Basaltformen an den Felsen beim Tunnel. Die schwarzweissen Tunnelportale sind eine Besonderheit der Nordrampe der Cevennenbahn.
7. 7. 1971

62

◄◄ Retenue des eaux en aval d'Alleyras, vue vers l'aval.
9. 7. 1971

◄◄ Kleiner Stausee im Alliertal unterhalb Alleyras. Blick talabwärts.
9. 7. 1971

◄ Vabres, petite localité vis-à-vis d'Alleyras avec son église de style auvergnat, et le Cévenol.
9. 6. 1984

◄ Vabres, kleines Dorf oberhalb und schräg gegenüber von Alleyras, mit einer für die Region typischen Kirche.
Der Cévenol am 9. 6. 1984

Le Cévenol en direction de Clermont-Ferrand–Paris, à contre-jour, à 3 km environ en aval de Chapeauroux.
7. 4. 1985

Der Cévenol, Richtung Clermont-Ferrand–Paris im Gegenlicht, ca. 3 km unterhalb Chapeauroux.
7. 4. 1985

Viaduc de St-Christophe en aval de Chapeauroux, avec le Cévenol en direction de Clermont-Ferrand–Paris. Viaduc à arches étroites typique pour cette section de la ligne.
7. 4. 1985

Viaduc de St-Christophe mit den für diesen Streckenteil charakteristischen, kleinen Bogen; der Cévenol Richtung Clermont-Ferrand–Paris unterhalb von Chapeauroux.
7. 4. 1985

Le viaduc du Thord en aval de Chapeauroux, un des plus remarquables de la ligne, non pour ses dimensions mais pour sa situation. Autorail Lyon–Toulouse.
14. 7. 1983

Der Viaduc du Thord unterhalb von Chapeauroux, nicht wegen seinen Dimensionen, aber wegen seiner Lage einer der bemerkenswertesten der Linie. Autorail Lyon–Toulouse.
14. 7. 1983

Le viaduc de Chapeauroux, à hauteur
relativement faible de 17 m mais très
remarquable pour sa longueur de 433 m,
dans une courbe en fer à cheval. La
localité et l'affluent de l'Allier ont le
même nom. Autorail Lyon–Toulouse.
9. 7. 1971

Der nur 17 m hohe, aber 433 m lange
Viaduc de Chapeauroux in einer Huf-
eisenkurve. Die Ortschaft trägt den
Namen des von rechts im Bild einmündenden Zuflusses des Allier. Autorail
Lyon–Toulouse.
9. 7. 1971

Les tunnels de Crémat (à droite) et de Chaillet, vue prise vers l'aval, en amont de Chapeauroux.
25. 7. 1975

Tunnelfolge oberhalb Chapeauroux (Aufnahme talabwärts) mit Tunnels de Crémat (rechts) und de Chaillet.
25. 7. 1975

Le viaduc de Condres avec le tunnel
portant le même nom, en amont de Cha-
peauvoux, vue vers l'aval. Style typique
de l'époque avec un grand nombre
d'arches à ouverture relativement faible.
Deux piliers provenant de l'époque
romaine dans le lit de l'Allier.
13. 7. 1983

Viaduc de Condres und gleichnamiger
Tunnel oberhalb Chapeauroux, Blick tal-
wärts. Typischer Viadukt aus der Bauzeit
der Strecke, mit sehr zahlreichen Bogen
geringer Weite. Im Flussbett sind zwei
Pfeiler eines Flussüberganges aus der
Römerzeit erkennbar.
13. 7. 1983

67

68

◄ Jonchères, autorail Lyon–Toulouse devant le château médiéval en ruines. Gare désaffectée à mi-chemin entre Chapeauroux (derrière le photographe) et Langogne.
24. 7. 1975

◄ Jonchères, Autorail Lyon–Toulouse vor der mittelalterlichen Burgruine und der aufgehobenen Station halbwegs zwischen Chapeauroux (rückliegend) und Langogne.
24. 7. 1975

Viaduc du Bois de Laine en amont de Jonchères. Le Cévenol en direction de Clermont-Ferrand avec autorail panoramique en tête.
24. 7. 1975

Der Viaduc du Bois de Laine oberhalb Jonchères. Der Cévenol, Richtung Clermont-Ferrand, damals mit Autorail Panoramique an der Spitze.
24. 7. 1975

Des blocs de granit énormes bordent la voie ferrée dans les gorges supérieures de l'Allier. Le Cévenol en direction de Clermont-Ferrand–Paris en amont de Jonchères.
7. 4. 1985

Gewaltige Granitblöcke neben der Bahn im obersten Teil der Allierschluchten. Der Cévenol Richtung Clermont-Ferrand–Paris oberhalb von Jonchères.
7. 4. 1985

Une grande courbe marque la fin du parcours dans les gorges de l'Allier avant Langogne. La vallée s'élargit et à droite de la courbe se trouve maintenant le barrage de Naussac n'existant pas encore lors de la prise de cette photo. Voitures anciennes en acier rivé.
4. 7. 1971

Kurz vor Langogne weitet sich das Tal. Ausserhalb der grossen Linkskurve (Fahrtrichtung taleinwärts) wird heute die Staumauer von Naussac kurz sichtbar, die im Zeitpunkt der Aufnahme noch nicht stand. Alte Wagen in genieteter Stahlbauart.
4. 7. 1971

L'hiver en aval de Langogne. A l'arrière-plan, le tunnel de la Valette de la ligne de Langogne au Puy, fermée à tout trafic sur ce tronçon. Le Cévenol en direction de Nîmes–Marseille.
8. 2. 1986

Winter unterhalb Langogne, im Hintergrund der Tunnel de la Valette der stillgelegten Linie von Le Puy her. Der Cévenol Richtung Nîmes–Marseille.
8. 2. 1986

Que de neige en gare de Langogne! Train du matin pour Nîmes.
8. 2. 1986

Vormittagszug Richtung Nîmes im Bahnhof von Langogne im schneereichen Winter 1986.
8. 2. 1986

LE PUY–LALEVADE-D'ARDECHE (NIEIGLES–PARADES)

93 km

Déclivité maximale / Maximalneigung	25 o/oo

Rayon plus faible / minimaler Kurvenradius	Le Puy - Présailles	300 m
	Présailles - Lalevade d'Ardèche (Nieigles-Prades)	250 m
Dénivellation / Höhendifferenz	St-Cirgues-en-Montagne - Lalevade-d'Ardèche	795 m / 494 m
Altitude maximale / Höchster Punkt	Présailles	1076 m
Déclaration d'utilité publique		27. 4.1906
Concession / Konzession		10. 2.1911
Premiers travaux / erste Bauarbeiten		1911
Reprise des travaux / Wiederaufnahme der Arbeiten		1919
Projet de tracé plus direct (43 o/oo) / Alternativvorschlag (43 o/oo Neigung)		1922
Abandon du projet / Aufgabe des Projektes	Le Monastier-sur-Gazeille - Lalevade-d'Ardèche	23. 9.1932
Déclassement	Le Monastier-sur-Gazeille - Lalevade-d'Ardèche	23.10.1937
	Le Puy - Le Monastier-sur-Gazeille	30.11.1941
Fermeture au service voyageurs du tronçon existant / Schliessung der Streckenfortsetzung für Personenverkehr	Vogüé - Lalevade-d'Ardèche	9. 3.1969

Ouvrages d'art / Kunstbauten

	Gare, Tunnel, Viaduc Bahnhof, Tunnel, Viadukt	Longueur Länge m	Arches Bögen	km	Altitude Höhe m
	LE PUY			0	630
	Brives-Charensac			3,2	615
1	Viaduc d'Orzilhac		4 x 17 m		
			5 x 28 m		
2	Viaduc de Peyrard		15 x 8 m		
3	Tunnel du Roure	190			
4	Viaduc du Roure		7 x 12 m		
	Lantriac			11,1	748
	Laussonne			17,9	882
5	Viaduc de Laussonne		7 x 20 m		
6	Viaduc de Fontfrède		10 x 11 m		
7	Viaduc de Chabannes		5 x 54,5 m *		
	LE MONASTIER-SUR-GAZEILLE			22,2	952
8	Viaduc de la Recoumène		8 x 25 m Hauteur / Hoehe 66 m		
9	Tunnel d'Avouac	75			
10	Tunnel de Margerid	84			
11	Tunnel de Présailles	2626			
	Présailles			31,4	1076
12	Viaduc de Mezeyrac		8 x 18 m		
13	Tunnel d'Augier	98			
14	Tunnel des Arcis	170			
15	Tunnel des Escoudes	176			
	Issarlès			35,8	987

* travées métalliques

Gare, Tunnel, Viaduc / Bahnhof, Tunnel, Viadukt	Longueur Länge m	Arches Bögen	km	Altitude Höhe m
Issarlès			35,8	987
Plo			38,6	954
16 Viaduc du Lac		1 x 25 m		
		7 x 12 m		
Lac-d'Issarlès			39,8	947
17 Viaduc des Hermès		6 x 17 m		
18 Tunnel des Hermès	275			
La Palisse			46,9	1017
19 Viaduc de la Palisse		1 x 36 m		
		7 x 18 m		
ST-CIRGUES-EN-MONTAGNE			50,8	1058
20 Tunnel de St-Cirgues (du Roux)	3336			
21 Tunnel de Cheylas	104			
22 Tunnel du Chapelet	90			
23 Tunnel de Vauclaire	731			
Le Roux			59,0	928
24 Tunnel des Joncs	74			
25 Tunnel du Roux-Bas	200			
26 Tunnel de Combe-Moulin	356			
27 Tunnel de Lair	735			
28 Tunnel de Malfaugères	110			
29 Tunnel de Pagnat	222			
30 Tunnel de la Grange	135			
31 Tunnel des Grisières	204			
La Gravenne			68,0	737
La Gravenne			68,0	737
32 Tunnel de Fagebelle	235			
33 Tunnel de la Chaze	124			
34 Tunnel d'Ayssac	121			
35 Tunnel de Champagne	454			
36 Tunnel de Tirasse	193			
37 Tunnel de Berland	734			
38 Tunnel de Ribeyre	115			
Montpezat-sur-Bauzon			77,7	531
39 Tunnel de Thueyts	1157			
Thueyts			80,6	484
40 Tunnel de Vivières	430			
41 Tunnel de Peytier	229			
42 Tunnel d'Amarnier	928			
Meyras-Burzet			84,8	411
43 Tunnel de Meyras	192			
44 Tunnel de Ventadour	218			
45 Viaduc de Ventadour		3 x 33 m		
Pont-de-Labeaume			88,6	336
46 Tunnel de Pont-de-Labeaume	175			
47 Tunnel de Baysans	120			
LALEVADE-D'ARDECHE - PRADES			93,1	263

73

Particularités

Besonderheiten

Dès la première phase de projet d'une ligne ferroviaire dans les Cévennes, deux variantes furent discutées. L'une correspond plus ou moins à la ligne réalisée, l'autre aurait créé une liaison entre la vallée du Rhône et Le Puy via Aubenas.

La concession de la ligne du Puy à Lalevade-d'Ardèche non loin d'Aubenas fut octroyée au P. L. M., avec celles des lignes raccourcies, pour concurrencer le P. O. (voir chapitre Brioude–St-Flour, particularités).

La construction de la ligne, commencée en 1911, fut interrompue pendant la première guerre mondiale. En 1922, une variante plus économique par rapport au projet original était en étude pour la rampe sud: en portant les pentes de 25‰ à 43‰, la ligne était raccourcie de 12 km évitant les lacets compliqués sur les flancs du Gravenne de Montpezat,

Bereits nach 1850, als die ersten Projekte für eine Bahn durch die Cevennen entstanden, schälten sich rasch zwei Varianten heraus: Einmal die schliesslich realisierte, andererseits eine Linienführung über Le Puy nach Aubenas und weiter nach Le Teil an der Ostabdachung des Zentralmassivs.

Die P. L. M. erhielt schliesslich die Konzession für die schwer zu realisierende und von ihr keineswegs gewünschte Li-

nie als politische Auflage im Zusammenhang mit Konzessionen für Abkürzungslinien wie die in diesem Buche vorgestellte Linie Brioude–St-Flour, mit welchen die P. L. M. ihre Konkurrenzfähigkeit verbessern wollte. Die einzelnen Geschichtsdaten gehen aus der Aufstellung hervor. Der Bau der Strecke kam während des Ersten Weltkrieges vorübergehend zum Stillstand. 1922 wurde für die schwierige Südrampe ei-

Le Puy – Lalevade-d'Ardèche
Développement au sud du Tunnel de Roux

La ligne de l'«Albula» française
Frankreichs Albulalinie

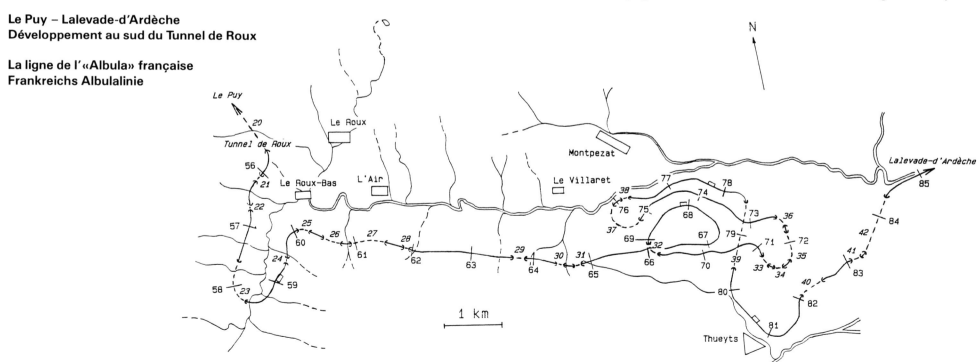

volcan éteint. (Des rampes similaires étaient en cours de réalisation dans les Pyrénées à l'époque.)

La première section de Brives-Charensac (près Le Puy) au Monastier-sur-Gazeille était presque terminée lorsque, en raison de la crise économique mondiale, en 1932, la décision fut prise d'interrompre les travaux au Monastier. Le ballast, toutefois, fut mis en place jusqu'à l'entrée nord du tunnel de Présailles mais on ne posa pas les rails. Lors de la création de la SNCF début 1938, un assez grand nombre de lignes secondaires fut fermé au trafic voyageurs ou à tout trafic. L'abandon du projet de la ligne du Puy à Lalevade-d'Ardèche, en 1941, en devint une des conséquences. Peut-être, les évènements de la guerre eurent-ils une influence aussi. D'où l'existence des viaducs magnifiques et en très bon état dans la région charmante du Puy, sur lesquels aucun train n'a jamais circulé, à part quelques trains utiles à la construction peut-être.

La gare de Lantriac est utilisée comme entrepôt de matériel d'entretien de route, celle de Laussonne comme colonie de vacances SNCF, solution un peu dangereuse en raison de la proximité du viaduc de Laussonne dépourvu de balustrades. La gare du Monastier, servant autrefois de colonie de vacances aussi, fut démolie en 1974 pour céder sa place à l'agrandissement de l'école toute proche.

Le tunnel du Roure est devenu entrepôt de fromages. Sur le viaduc du Roure, quelques mètres de voie furent posés lors des travaux de tournage d'un film de télévision en 1966. Les travées en acier du viaduc de Chabannes, situé entre Laussonne et Le Monastier-sur-Gazeille, furent récupérées pendant la deuxième guerre mondiale, les piliers, toutefois, sont toujours en place. Le viaduc de Recoumène en amont du Monastier, le plus haut et le plus beau du parcours, est utilisé parfois par les voitures des touristes: c'est l'accès un peu raboteux (en raison du ballast) mais pratique d'un camping; et pour les piétons, le passage est un peu scabreux en raison de l'absence de balustrade, le viaduc ayant une hauteur maximale de 66 m – attrayant à traverser!

Le tunnel de Présailles, presque achevé, est maintenant en danger d'effondrement. Par conséquent, son portail sud est fermé par une grille tandis que le portail nord est accessible mais peu engageant en raison de l'accumulation des eaux dans une végétation tout-à-fait particulière.

Plus au sud, le tunnel de faîte appelé tunnel de St-Cirgues ou du Roux (d'après les localités situées à ses deux extrémités) fut achevé, et quelques centaines de mètres du tracé suivant, côté sud, avec le tunnel de Cheylas, étaient en construction lors de l'abandon des travaux. Le tunnel de faîte sert de route régionale actuellement. Cette liaison n'est pas très importante mais très appréciée dans la région, en hiver notamment. Pour éviter la formation de stalactites de glace en cette saison, l'entrée nord est munie de portillons automatiques évitant les courants d'air. Le passage du tunnel, prévu à voie ferrée double, mais étroit par rapport aux tunnels routiers usuels, est un peu cauchemardesque, même en été lorsque le portail nord est toujours ouvert. Le passage par le tunnel de Cheylas, situé à proximité du débouché sud de celui du Roux, est possible mais un peu risqué: une grande pierre de voûte étant tombée sur la plate-forme, on ne sait jamais quand le reste va suivre.

La construction de cette ligne ne fut sans doute jamais entreprise pour des raisons économiques, même si elle était ardemment souhaitée par les régions ne billigere Linienführung studiert: Durch Erhöhung des maximalen Gefälles von 25 auf 43‰ hätte die Strecke um 12 km verkürzt werden können, unter Einsparung der im ursprünglichen Projekt vorgesehenen, kunstvollen Linienentwicklung am Gravenne de Montpezat, einem erloschenen Vulkan. In den Pyrenäen waren in den Zwanzigerjahren normalspurige Gebirgsbahnen mit mehr als 40‰ Steigung im Bau. 1932 war der erste Streckenteil von Le Puy über Le Monastier-sur-Gazeille und weiter bis Présailles beinahe vollendet, als unter dem Druck der Wirtschaftskrise beschlossen wurde, vorderhand nur den Abschnitt bis Le Monastier fertigzustellen. Bis zum Tunnel de Présailles wurde immerhin das Schotterbett noch gelegt. Zum Einbau der Gleise kam es jedoch nicht mehr. Im Zusammenhang mit der Schaffung der SNCF wurden ab 1938 zahlreiche Nebenlinien im ganzen Lande stillgelegt oder unter Beibehaltung des Güterverkehrs für den Personenverkehr geschlossen. Als Konsequenz und wohl auch unter dem Einfluss der Kriegsereignisse wurde dann 1941 beschlossen, auch den Anfangsabschnitt Le Puy–Le Monastier nicht mehr fertigzubauen. So kommt es, dass in der überaus reizvollen Gegend hinter Le Puy verschiedenenorts hervorragend erhaltene Viadukte stehen, über die noch nie ein Zug gefahren ist, abgesehen allenfalls von der Baubahn.

Das Stationsgebäude von Lantriac dient als Magazin für den Strassenunterhalt, dasjenige von Laussonne für Ferienkolonien der SNCF, was wohl wegen der unmittelbaren Nähe des Laussonne-Viaduktes nicht ganz ungefährlich ist. In Le Monastier wurde das Stationsgebäude, welches vorher dem gleichen Zweck gedient hatte, 1974 abgebrochen, um für die Erweiterung einer nahen Schule Platz zu schaffen.

Der Tunnel du Roure bei Lantriac dient heute als Käselager. Auf dem anschliessenden Viaduc du Roure wurden 1966 im Zusammenhang mit Dreharbeiten für einen Fernsehfilm einige Gleisstücke gelegt. Vom Viaduc de Chabannes zwischen Laussonne und Le Monastier-sur-Gazeille stehen nur noch die Pfeiler aus Mauerwerk, während die Stahlträger in den Jahren des Zweiten Weltkrieges rekuperiert worden sind. Der Viaduc de Recoumène oberhalb Le Monastier-sur-Gazeille, der höchste und schönste der Strecke, ist trotz seiner Schotterauflage ein willkommener, wenn auch holpriger Zufahrtsweg für motorisierte Benützer eines Zeltplatzes und ausserdem eine leicht kitzlige Attraktion für Wanderer, weil er immerhin 66 Meter hoch ist, aber keine Geländer hat. Der beinahe fertiggestellte Tunnel de Présailles ist einsturzgefährdet. Sein Südportal ist mit einem Gitter abgeschlossen, sein Nordeingang zwar zugänglich, aber mit den darin entstandenen Wassertümpeln mit einer seltsamen Vegetation wenig einladend.

Weiter südlich wurde nur der Scheiteltunnel bei St-Cirgues-en-Montagne samt einigen hundert Metern anschliessenden Trassees mit dem kurzen Tunnel de Cheylas gebaut. Der Scheiteltunnel dient heute dem Strassenverkehr. Zur Verhinderung gefährlicher Eiszapfenbildungen im Winter ist sein Nordeingang mit automatischen Toren versehen. Die Autofahrt durch den zwar für Doppelspur ausgebrochenen, im Vergleich zu normalen Strassentunnels jedoch engen und zudem unbeleuchteten Tunnel ist etwas unheimlich, selbst im Sommer, wenn das Tor zum Nordausgang dauernd offen ist. Der Tunnel de Cheylas kann begangen werden, was aber nicht mehr ganz gefahrlos ist: Ein Verkleidungsstein ist heruntergestürzt, so dass man nie ganz

concernées. Son attrait touristique, par contre, aurait été extraordinaire pour les mordus du rail en particulier, pour lesquels elle serait devenue une attraction de tout premier ordre: la montée du Puy à Présailles a peu de tunnels mais avec ses viaducs magnifiques dans un paysage ouvert, ensoleillé et très varié, elle se recommande elle-même; vers St-Cirgues-en-Montagne le paysage devient toujours plus sauvage; après le tunnel du Roux, un panorama surprenant s'étend, il soutient facilement la comparaison avec la célèbre ligne du Lötschberg à Hohtenn; plus loin, le labyrinthe de lacets à voie normale similaire à celui de l'Albula sur la ligne des chemins de fer rhétiques, retirent l'attention.

Le lecteur peut imaginer les discussions intéressées des voyageurs pour savoir dans laquelle des deux vallées de la Fontolière ou de l'Ardèche le train allait déboucher la prochaine fois. Le parcours aurait été donc très attrayant, ce tronçon utilisant les éperons du terrain pour éviter des tunnels hélicoïdaux. Le cercle entier de la ligne formé aux flancs du Gravenne de Montpezat était projeté à ciel ouvert autant que possible. Quel changement, en outre, entre la paysage riant derrière Le Puy et les vallées enserrées et lugubres vers la fin du parcours près de Thueyts et de Lalevade-d'Ardèche!

La gare de Lalevade est le terminus d'une ligne à voie normale sur laquelle le transport des voyageurs fut supprimé le 9 mars 1969. Son point de départ se trouve à la ligne de la rive droite du Rhône, ligne ouverte au service marchandises seulement elle aussi depuis le 6 août 1973. Depuis ce jour, le département de l'Ardèche est sans desserte voyageurs par voie ferrée, mis à part quelques kilomètres de la ligne des Cévennes entre Langogne et La Bastide mais sans gare sur le territoire du département, ainsi que du chemin de fer touristique de Tournon à Lamastre, et le parcours final de celui de Dunières à St-Agrève. (Il faut dire que non loin de la frontière du département le long du cours du Rhône, de nombreux trains voyageurs sont à disposition sur la ligne de la rive gauche, et que trois gares de la ligne des Cévennes sont situées à proximité de la limite du département.)

La ligne du Puy à Lalevade-d'Ardèche, la ligne de l'«Albula» française mais à voie normale, reste inachevée.

Unter rein wirtschaftlichen Gesichtspunkten wäre der Bau dieser Strecke wohl nie in Angriff genommen worden. Immerhin wurde sie seinerzeit in der Region dringend gewünscht. Für den Eisenbahnfreund hingegen wäre die Linie zur Attraktion ersten Ranges geworden. Der Anstieg von Le Puy bis Présailles, beinahe tunnelfrei und reich an grossen Viadukten in einer heiteren, offenen und sehr abwechslungsreichen Landschaft, hätte für sich selbst geworben. In immer wilderer, einsamerer Gegend wäre St-Cirgues-en-Montagne erreicht worden. Nach dem Scheiteltunnel hätte sich ein überraschender Ausblick geboten, welcher den Vergleich mit der berühmten Stelle bei Hohtenn am Lötschberg ebensogut ausgehalten hätte wie die nachfolgende, kunstvolle Linienentwicklung jenen mit der Albulabahn. Man kann sich das Rätselraten interessierter Reisender vorstellen beim dreimaligen Wechsel zwischen den Tälern der Fontolière und der Ardèche und zurück, bei der Fahrt um den erloschenen Vulkan Gravenne de Montpezat und hernach durch diesen. Dies alles wäre um so spannender gewesen, als die ganze Streckenanlage das Gelände in geschicktester Weise ausgenützt hätte, so dass eigentliche Kehrtunnels grösstenteils vermieden worden wären. Der Abschnitt mit der Kreiskehre wäre auf mehr als 4 km Länge sogar völlig tunnelfrei, wenn auch möglicherweise stark bewaldet gewesen. Wo sonst gibt es dies schon bei einer ähnlich kunstvoll konzipierten Gebirgsbahn! Beeindruckend wäre im übrigen der Wechsel von der weiträumigen Landschaft hinter Le Puy zu den tief eingeschnittenen und mitunter düsteren, am Schlusse freilich eher tristen Tälern bei Lalevade-d'Ardèche gewesen.

In dieser Ortschaft endet eine nur noch dem Güterverkehr dienende Stichbahn vom Rhonetal her. Der Personenverkehr wurde hier am 9. März 1969 eingestellt. Seit dem 6. August 1973 ist sogar die ganze rechtsufrige Rhonetalstrecke eine reine Güterbahn. Seither gibt es im ganzen Departement Ardèche keinen Eisenbahn-Personenverkehr mehr, wenn man von zwei stationslosen Abschnitten der Cevennenbahn zwischen Langogne und La Bastide sowie von den Museumsbahnen Tournon–Lamastre und Dunières–St-Agrève absieht. (Nahe der Departementsgrenze befinden sich allerdings Bahnhöfe der linksufrigen Rhonetallinie und der Cevennenbahn.) Le Puy-Lalevade-d'Ardèche, sozusagen die Albulabahn Frankreichs (aber in Normalspur), ist unvollendet geblieben!

La gare du Puy, autrefois embranchement pour Langogne et origine prévue
de la ligne jamais ouverte pour Lalevade-
d'Ardèche. Le rocher avec la statue de la
Vierge est un ancien volcan.
31. 8. 1985

Der Bahnhof von Le Puy, früher Ab-
zweigebahnhof Richtung Langogne. Er
wäre Ausgangspunkt der nie vollendeten
Linie nach Lalevade-d'Ardèche geworden. Der Fels mit der Marienstatue im
Hintergrund ist ein erloschener Vulkan.
31. 8. 1985

77

Tranche dans le terrain avec plateforme ballastée à proximité du viaduc de Laussonne. Après l'abandon du projet, des pins de grandeur assez remarquable ont profité du site bien abrité.
22.8.1969

Einschnitt mit Schotterbett beim Viaduc de Laussonne. Seit der Aufgabe des Projektes sind bereits stattliche Föhren an geschützter Lage gewachsen.
22.8.1969

Autorail panoramique sur le viaduc de Laussonne sur la ligne du Puy à Lalevade-d'Ardèche. Un photomontage, rêve d'un passionné du rail.
22.8.1969

Der Viaduc de Laussonne mit Autorail Panoramique, unterwegs zwischen Le Puy und Lalevade-d'Ardèche. Fotomontage aus einem Traum eines Eisenbahnfreundes.
22.8.1969

Le viaduc de Laussonne, un peu dangereux à proximité de la colonie de vacances installée dans la gare proche. 22. 8. 1969

Der Viaduc de Laussonne, ein immerhin nicht ganz ungefährliches Objekt in der Nähe der Ferienkolonie, die sich unweit von hier im Stationsgebäude befindet. 22. 8. 1969

Le viaduc de Chabannes entre Laussonne et Le Monastier-sur-Gazeille (derrière le photographe). Les travées d'acier ont été enlevées pendant la deuxième guerre mondiale. 9. 7. 1980

Der Viaduc de Chabannes zwischen Laussonne und Le Monastier-sur-Gazeille (rückliegend). Die Stahlträger wurden während des Zweiten Weltkrieges entfernt und anderweitig verwendet. 9. 7. 1980

79

Le viaduc de Recoumène entre
Monastier-sur-Gazeille et Présailles
(derrière le photographe), passage un
peu délicat pour les piétons.
22. 8. 1969

Der Viaduc de Recoumène zwischen
Monastier-sur-Gazeille und Présailles
(rückliegend), ein leicht kitzliger Übergang für Fussgänger.
22. 8. 1969

Le viaduc de Recoumène situé entre Le ►
Monastier-sur-Gazeille (à gauche) et
Présailles. A notre connaissance, malgré
l'absence de balustrade et sa hauteur de
66 m, aucun incident n'eut lieu jusqu'à
ce jour.
22. 8. 1969

Der Viaduc de Recoumène zwischen Le ►
Monastier-sur-Gazeille (links) und
Présailles. Trotz fehlender Geländer und
66 m Höhe ist bisher kein Unfall
bekanntgeworden.
22. 8. 1969

80

81

Le Cévenol en direction de Clermont-Ferrand–Paris, avec l'ancienne tour de Concoules, en amont de Langogne. (A ne pas confondre avec la gare de Concoules sur la rampe sud.) 2. 9. 1985

Der Cévenol, Richtung Clermont-Ferrand–Paris, mit dem alten Schlossturm von Concoules oberhalb Langogne (nicht zu verwechseln mit der Station Concoules an der Südrampe). 2. 9. 1985

◄ Le viaduc de Fontfrède entre Laussonne et Le Monastier-sur-Gazeille (vers la gauche) construit en pierre volcanique d'où provient sa couleur gris foncé. Bel exemple d'un ouvrage en parfait état mais jamais utilisé par un train. 22. 8. 1969

◄ Der Viaduc de Fontfrède zwischen Laussonne und Le Monastier-sur-Gazeille (links) in dunkelgrauem Vulkangestein. Ein gutes Beispiel für einen bestens erhaltenen Viadukt, der nie von einem Zug befahren worden ist. 22. 8. 1969

Autorail du matin en direction de
Clermont-Ferrand à Luc (Lozère).
13. 6. 1984

Vormittagsverbindung Nîmes–Clermont-
Ferrand vor der kleinen Burg über Luc
(Lozère).
13. 6. 1984

84

Le tunnel de Présailles, entrée nord, peu engageant non seulement en raison de son humidité mais aussi du risque d'effondrements.
9. 7. 1980

Nordeingang des Tunnel de Présailles, alles in allem wenig einladend, ausserdem ist das Gewölbe einsturzgefährdet.
9. 7. 1980

Sortie nord du tunnel de Présailles.
9. 7. 1980

Nordausgang des Tunnel de Présailles.
9. 7. 1980

L'entrée sud du tunnel de Présailles, avec treillis évitant l'entrée des curieux. D'après la littérature existante, la gare de Présailles était prévue en ce lieu, vallée très enserrée. C'est étonnant en raison de la situation de la localité de l'autre côté du tunnel dans un terrain plus ouvert.
7. 7. 1971

Südeingang des Tunnel de Présailles mit Absperrgitter. Aufgrund vorhandener Literatur sollte sich die Station Présailles hier befinden – in einem engen Tal. Dies scheint merkwürdig, da sich die Ortschaft am anderen Tunneleingang in offenerem Gelände befindet.
7. 7. 1971

Le portail sud du tunnel de Roux.
26. 8. 1970

Südportal des Tunnel de Roux.
26. 8. 1970

Ainsi se serait présentée la vallée de la Fontolière, affluent de l'Ardèche, au voyageur, immédiatement après le passage du tunnel du Roux. La vallée aurait été traversée en fer à cheval vers la droite, après, son flanc droit, visible sur la photo, ou aussi sa crête auraient été suivis pour atteindre les boucles autour du Gravenne de Montpezat.
26. 8. 1970

Der überraschende Blick ins Tal der Fontolière, wie er sich den Reisenden unmittelbar nach dem Tunnel de Roux geboten hätte. Der Zug hätte das Tal zuerst in hufeisenförmiger Linienführung nach rechts ausgefahren und dann hoch an der rechten Talflanke, stellenweise auf dem Grat, die Kehren am Gravenne de Montpezat erreicht.
26. 8. 1970

Tunnel de Cheylas, le seul construit au sud du tunnel du Roux. Le passage à pied est possible, mais un peu risqué après la chute d'une pierre de voûte. Même la paroi partiellement effondrée ne fait plus entièrement confiance.
26. 8. 1970 et 10. 7. 1980

Der Tunnel de Cheylas, das einzige praktisch fertiggestellte Objekt südlich des Tunnel du Roux. Seine Begehung ist nicht mehr ganz gefahrlos, wie neben dem eingefallenen Mauerwerk auch ein herabgestürzter Gewölbestein beweist.
26. 8. 1970 und 10. 7. 1980

89

Seulement quelques centaines de mètres du tracé furent construits au sud du tunnel du Roux.
10. 7. 1980

Vom Trassee südlich des Tunnel du Roux wurden nur wenige hundert Meter gebaut.
10. 7. 1980

Lalevade-d'Ardèche, terminus de la ligne existante ouverte au trafic marchandises avec la ligne de la rive droite du Rhône. La gare (dénommée Nieigles-Prades d'après deux localités proches de Laleva-de) a vécu de meilleurs jours.
13. 7. 1974

Lalevade-d'Ardèche. Der Bahnhof war nach zwei Ortschaften in der Umgebung mit Nieigles-Prades benannt. Ende der existierenden und noch einem bescheidenen Güterverkehr dienenden Linie vom Rhonetal her, mit einem Stationsgebäude, welches eindeutig bessere Zeiten gesehen hat.
13. 7. 1974

LE PUY-LANGOGNE
53 km

Déclivité maximale / Maximalneigung		22 o/oo
Rayon plus faible / minimaler Kurvenradius		300 m
Dénivellation / Höhendifferenz	Brives-Charensac - faîte entre Costaros et Landos	534 m
Altitude maximale / Höchster Punkt		1149 m
Déclaration d'utilité publique		24. 3.1879
Concession / Konzession		2. 8.1886
Mise en service / Inbetriebnahme		1. 7.1912
Fermeture voyageurs / Schliessung Personenverkehr		18. 4.1939 *
Fermeture marchandises / Schliessung Güterverkehr	Landos - Langeac	4.1981

* 1944 - 1946 temporairement service voyageurs par trains de marchandises / 1944 - 1946 vorübergehend Personenwagen an Güterzügen

Ouvrages d'art / Kunstbauten

Gare, Tunnel, Viaduc Bahnhof, Tunnel, Viadukt	Longueur Länge m	Hauteur Höhe m	Arches Bögen	Altitude Höhe m	km	Altitude Höhe m
LE PUY					0	630
Brives-Charensac					3,2	615
Coubon-Volhac					8,8	720
Tunnel de Taulhac	1141					
Tunnel de Riou	1267					
Tunnel de Malpas	564					
Tunnel des Pradeaux	370					
Tunnel de Veneyres	281					
Viaduc de la Gagne	184	41	4 x 11 m 1 travee a 57 m			
Solignac-sur-Loire					17,8	857
Le Brignon					23,1	965
Costaros-Cayres					28,9	1078
(Point culminant / Scheitelpunkt)						1149
Landos					35,5	1115
Viaduc d'Arquejols	209	44	11 x 15 m			
St-Etienne-du-Vigan (Halte)					42,6	1003
Viaduc de la Bargeasse	93	21	6 x 10			
Pradelles					46.5	988
Tunnel de Mazonric	100					
Tunnel de la Valette	173					
Viaduc sur l'Allier (métallique)	91	11	2 x 31,5			
LANGOGNE					53,4	912

Particularités

Besonderheiten

Cette ligne faisait partie d'un projet non réalisé sous cette forme d'une liaison ferroviaire entre les préfectures du Puy (Haute-Loire) et de Mende (Lozère). Mise en service en 1912 seulement, dix ans après la ligne à profil encore plus dur de Mende à La Bastide, elle fut desservie par trois courses voyageurs journalières, dont une directe entre St-Etienne et Langogne avec rebroussement à la gare du Puy.

Comme c'est le cas pour la ligne de Mende à La Bastide toujours en service, les problèmes dus à l'hiver étaient parfois graves entre Le Puy et Langogne, en raison non pas des avalanches, mais de la formation de congères.

La fréquence voyageurs étant peu importante, la SNCF, après sa création début 1938, réduisit les courses aller-retour à deux par jour et, au printemps 1939, les transféra sur route en maintenant les trains marchandises auxquels étaient attelées, de 1944 à 1946, des voitures de troisième classe pour compléter le service insuffisant des autocars. En 1981, le tronçon de Landos à Langogne fut neutralisé. Carburants, machines agricoles, céréales, bois et pierres volcaniques sont transportés sur le tronçon côté Le Puy. La plupart des transports sont destinés aux dépôts de carburant à Brives-Charensac non loin du Puy.

La reprise du service voyageurs sur cette ligne fut discutée par deux fois. Lors de la création de la liaison d'été par autorail entre Lyon et Toulouse, diagonalement par le Massif Central, dans les années 60, la ligne avait offert la chance de raccourcir le parcours de quelque 70 km. Mais les frais ne semblaient guère correspondre à cet avantage. En effet, la liaison citée fait le détour par St-Georges-d'Aurac et le versant nord de la ligne des Cévennes, d'un très grand attrait touristique cependant.

Une deuxième chance de réouverture se présenta en 1974 sous la forme d'un projet d'une usine électrique dont le barrage sur l'Allier, en aval de Langogne, aurait noyé un tronçon de la rampe nord de la ligne des Cévennes. Les trains de liaison directe auraient été détournés via Le Puy entre St-Georges-d'Aurac et Langogne. Cette solution, bien qu'avantageuse pour la région du Puy, aurait sensiblement prolongé le temps de parcours. Un lac artificiel dans la région de Langogne fut réalisé entre-temps sans toucher le tracé de la ligne des Cévennes, c'est celui de Naussac devenu attraction touristique entre-temps. Son barrage est visible du train pour un moment en aval de Langogne.

Die Linie war Bestandteil eines früheren Projektes einer Eisenbahnverbindung zwischen den Departementshauptorten (Préfectures) Le Puy (Haute-Loire) und Mende (Lozère). Sie wurde erst 1912 eröffnet, zehn Jahre später als die baulich noch schwierigere Strecke La Bastide–Mende. Dem Personenverkehr dienten anfänglich drei Zugspaare, von welchen eines eine Direktverbindung zwischen St-Etienne und Langogne herstellte, mit Spitzkehre in Le Puy.

Ähnlich wie die noch in Betrieb befindliche Linie La Bastide–Mende, hatte auch Le Puy–Langogne oft stark unter strengen Wintern auf der Hochfläche zu leiden. Lawinengefahr bestand zwar nirgends, aber Schneeverwehungen wurden an manchen Stellen zum Problem. Das Verkehrsaufkommen in dieser ländlichen Gegend war so schwach, dass die auf Anfang 1938 geschaffene SNCF die Zahl der täglichen Zugspaare auf zwei reduzierte und den Personenverkehr bereits 1939 auf die Strasse verlegte. Die Güterzüge wurden beibehalten und 1944 bis 1946 wurden Personenwagen mitgeführt. Die Teilstrecke Landos–Langogne wurde 1981 auch für den Güterverkehr geschlossen. Im Abschnitt Le Puy–Landos werden noch Treibstoffe, landwirtschaftliche Maschinen, Getreide, Holz und vulkanisches Gestein aus den örtlichen Steinbrüchen transportiert. Am meisten Verkehr bringen die Treibstofflager in Brives-Charensac bei Le Puy.

Zweimal stand eine Wiederaufnahme des Personenverkehrs auf dieser Linie zur Diskussion. Als in den Sechzigerjahren eine Triebwagenverbindung Lyon–Toulouse durch das Zentralmassiv geschaffen wurde, wäre dank dieser Linie die Strecke um rund 70 km verkürzt worden. Der Aufwand scheint sich jedoch nicht gelohnt zu haben, weshalb die Verbindung über den landschaftlich allerdings sehr attraktiven Umweg, den Nordteil der Cevennenlinie, geleitet wird. Eine zweite Wiedereröffnungschance ergab sich durch ein 1974 vorgestelltes Kraftwerkprojekt, welches mit einem Stau des Allier unterhalb von Langogne verbunden gewesen wäre, einen Abschnitt der Cevennenlinie unter Wasser setzend. Die Direktzüge Paris–Nîmes hätten, wäre das Projekt verwirklicht worden, von St-Georges-d'Aurac über Le Puy nach Langogne geführt werden müssen. Gewiss hätte dies der Region Le Puy Vorteile gebracht, für die erwähnten Direktzüge hätte es jedoch einen ansehnlichen Umweg und dementsprechende Verlängerungen der Fahrzeit bedeutet. Realisiert wurde schliesslich der Stausee von Naussac, dessen Staumauer von der Cevennenbahn aus unterhalb Langogne kurz zu sehen ist, und der in der Region zum touristischen Anziehungspunkt geworden ist.

Arrêt-photo lors d'un voyage spécial sur le tronçon court entre les deux tunnels de Taulhac et de Riou (derrière le photographe), avec vue sur Le Puy.
4. 10. 1986

Fotohalt anlässlich einer Sonderfahrt, auf dem kurzen Abschnitt zwischen den beiden Tunnels de Taulhac und de Riou (rückliegend), mit Blick auf Le Puy.
4. 10. 1986

Arrêt-photo au lieu dit du Riou, en amont du village de Cussac.
4. 10. 1986

Fotohalt oberhalb Cussac unmittelbar nach dem Tunnel du Riou an der Stelle, nach welcher der Tunnel benannt ist.
4. 10. 1986

Le viaduc de la Gagne situé entre les
gares de Coubon-Volhac (à gauche) et
de Solignac-sur-Loire.
27. 8. 1970

Viadukt über die Gagne, einen Zufluss
der Loire, zwischen Coubon-Volhac
(links) und Solignac-sur-Loire.
27. 8. 1970

94

Train de marchandises sur la rampe du
Puy au plateau, entre Le Brignon et
Costaros.
27. 8. 1970

Güterzug zwischen Le Brignon und
Costaros, beim Übergang von der
Rampe ab Le Puy zum Plateau.
27. 8. 1970

Le viaduc d'Arquejols entre Landos (derrière le photographe) et Pradelles. Normalement, aucun train ne circule sur ce tronçon. Autorail photographié lors d'un voyage spécial.
4. 10. 1986

Viaduc d'Arquejols zwischen Landos (rückliegend) und Pradelles auf dem normalerweise völlig stillgelegten Streckenabschnitt. Aufnahme mit Autorail anlässlich einer Sonderfahrt.
4. 10. 1986

Le viaduc d'Arquejols entre Landos (à droite) et Pradelles.
25. 7. 1975

Viaduc d'Arquejols zwischen Landos (rechts) und Pradelles.
25. 7. 1975

La gare de Pradelles dans la section neutralisée entre Landos et Langogne. Elle est assez éloignée de la localité, par conséquent, le trafic était faible à l'époque de la desserte ferroviaire.
24. 7. 1975

Der Bahnhof von Pradelles auf dem auch für Güterverkehr geschlossenen Abschnitt Landos–Langogne. Von der Ortschaft ziemlich weit entfernt, hatte die Station schon früher nur ein kleines Verkehrsaufkommen.
24. 7. 1975

Lagogne–La Bastide

Train de marchandises pour le transport de demi-produits pour l'industrie de la papeterie pour Nîmes–Tarascon en gare de Langogne.
13. 6. 1984

Im Bahnhof von Langogne, Güterzug mit Halbfabrikaten für die Papierindustrie, Richtung Nîmes–Tarascon.
13. 6. 1984

En gare de La Bastide ►

Im Bahnhof von La Bastide ►

Le Cévenol, direction Clermont-Ferrand, avec autorail panoramique en tête à l'époque, en amont de Luc (Lozère) pendant un orage.
13. 7. 1974

Der Cévenol Richtung Clermont-Ferrand, damals mit Autorail Panoramique an der Spitze, oberhalb von Luc (Lozère) während eines Gewitters.
13. 7. 1974

Un vestige de l'époque de la vapeur jette son ombre sur la locomotive diesel.
5. 7. 1971 et 16. 7. 1983

Ein Relikt aus der Zeit des Dampfbetriebes wirft seinen Schatten auf die Seitenwand der Diesellok.
5. 7. 1971 und 16. 7. 1983

MENDE–LA BASTIDE
47 km

Déclivité maximale / Maximalneigung		27,5 o/oo
Rayon plus faible / minimaler Kurvenradius		150 m
Dénivellation / Höhendifferenz	Mende - Larzalier	503 m
Altitude maximale / Höchster Punkt	Larzalier (Halte)	1215 m
Déclaration d'utilité publique		16. 3.1879
Concession / Konzession		1883
Changement de projet / Projektänderung		23. 9.1885
Mise en service / Inbetriebnahme		15.11.1902

Ouvrages d'art / Kunstbauten

Gare, Tunnel, Viaduc Bahnhof, Tunnel, Viadukt	Longueur Länge m	Hauteur Höhe m	Arches Bögen	km	Altitude Höhe m
MENDE				0	
Pont du Villeret (métallique, sur le Lot)	47	7,7	1 x 45 m		
Tunnel de Grunieret	93				
Viaduc de Grunieret (sur le Lot)	154	33	8 x 14 m		
Badaroux				5	
Viaduc du Bouisset	87	24	6 x 10 m		
Tunnel de la Tourette	174				
Tunnel de Nojaret	139				
Viaduc de Lapio	64	10	4 x 10 m		
Viaduc de la Fontanelle	77	23	5 x 10 m		
Tunnel de la Rouvière	67				
Viaduc de Esclancide	81	18	5 x 10 m		
Tunnel de Chadenet	79				
Bagnols-Chadenet				14	
Viaduc du Beyrac	66,3	19	4 x 10 m		
Allenc				17	1030
Galerie de la Prade	102				
Grande Galerie de Larzalier	558				
Petite Galerie de Larzalier	138				
Larzalier				24	1215
Belvezet				29	1170
Galerie de Daufage	155				
Daufage-le-Goulet (Halte)				34	1130
Viaduc de Mirandol (grand viaduc)	154,5	31	10 x 12 m		
Viaduc de Mirandol (petit viaduc)	62	31	8 x 6 m		
Galerie de Mirandol	165				
Galerie de la Crouzette	130				
Galerie de Veyssière	100				
Galerie de Chasseradès	315				
Chasseradès				38	1167
LA BASTIDE - ST-LAURENT-LES-BAINS				47	1023

Particularités

Besonderheiten

Le premier projet d'une ligne ferroviaire entre Mende et Le Puy via Langogne, datant de 1876, dont le point culminant était prévu à 1313 m au-dessus de la mer, ne fut jamais réalisé en raison des frais d'investissements et des problèmes bien prévisibles de son exploitation hivernale. Un projet alternatif plus réaliste prévoyait une liaison de Mende à la ligne des Cévennes, soit à Villefort, soit à La Bastide. C'est la dernière variante qui fut enfin entreprise, avec un tunnel de 2124 m sous la montagne du Goulet et le point culminant prévu à 1196 m. En raison des frais, ce tunnel fut abandonné en 1885 après la construction de 700 m environ. Ses entrées se sont effondrées entre-temps. Par contre, un développement en S fut construit dont les dimensions sont telles qu'on ne peut pas voir sa partie inférieure au départ des tronçons moyen et supérieur. A 1215 m au dessus de la mer, le point culminant fut le plus haut atteint par une voie normale en France à l'époque, record battu plus tard par le Transpyrénéen Oriental (Toulouse–La Tour-de-Carol) mais toujours valable pour les voies normales non électrifiées du pays. 30 km du parcours se trouvent à un niveau supérieur à 1000 m, presque toujours à ciel ouvert. C'est le record de France. (La ligne du St-Gothard n'en a que 27 dont 15 dans le tunnel de faîte). Des problèmes graves se présentent souvent en hiver, dus non aux avalanches mais aux amas énormes de neige dans une région qui est dénommée aussi «le toit de la France» en raison de son point commun entre les bassins hydrologiques du Lot (Garonne), de la Loire et du Rhône, introuvable dans le terrain.

Plusieurs galeries furent construites pour la protection de la ligne dans les premières années après la mise en service. Quelques-unes furent prolongées plus tard. Les dimensions de la plus grande, située à la partie supérieure de la boucle en S de Larzalier, sont dignes d'une ligne de montagne de Norvège. Malgré toutes les mesures, il arrive que la ligne soit interrompue pour quelques jours; en janvier 1978, ce fut le cas pour plus d'une semaine. A cette occasion, le Cévenol (en autorail à l'époque) resta bloqué un jour par une congère sur la ligne voisine entre La Bastide et Prévenchères à moins de 1000 m d'altitude.

Il est intéressant de constater que ces difficultés hivernales sont favorables au maintien de cette ligne dont l'existence fut mise en question à plusieurs reprises depuis les années trente. En fait, les problèmes auxquels les transports routiers sont confrontés en hiver sont encore plus graves.

La ligne est exploitée de manière très économique. A l'exception de la gare de Bagnols, très éloignée de la localité mais

Bereits 1876 wurde eine Verbindung der beiden Departementshauptorte Le Puy und Mende über Langogne geplant. Ihre Scheitelhöhe wäre auf nicht weniger als 1313 m ü. M. zu liegen gekommen. Aus Kostengründen und mit Rücksicht auf leicht voraussehbare Probleme in strengen Wintern wurde das Projekt geändert. Die Verbindung sollte in Villefort oder in La Bastide Anschluss an die Cevennenbahn finden und diese bis Langogne mitbenützen. Die erstere Variante wurde schliesslich in Angriff genommen, wobei ein 2124 m langer Tunnel unter der Montagne du Goulet vorgesehen war. Damit wäre die Scheitelhöhe der Strecke auf 1196 m ü. M. zu liegen gekommen. Erneut aus Kostengründen wurde 1885 der Bau des bereits auf 700 m Länge ausgebrochenen Tunnels aufgegeben. Seine Eingänge sind verschlossen worden oder eingestürzt und im Gelände kaum mehr zu erkennen.

Die Linie erhielt nun eine weit ausholende S-Schleife, von deren oberstem Abschnitt aus man den untersten Schenkel nicht sieht. Die Scheitelhöhe beträgt 1215 m ü. M. beim Weiler Larzalier. Damit wurde La Bastide–Mende zur damals höchstgelegenen Normalspurbahn Frankreichs. Dieser Rekord wurde zwar später durch die östliche Transpyrenäenbahn (Toulouse–La Tour-de-Carol) gebrochen, unter den nicht elektrifizierten Normalspurbahnen Frankreichs besteht er jedoch noch immer. Nicht weniger als 30 km der Linie verlaufen auf mehr als 1000 Metern Höhe. Selbst am Gotthard sind es nur 27 km, davon 15 km im Scheiteltunnel. Entsprechende Probleme hat die Linie in schneereichen Wintern: Zwar keine Lawinen, aber um so mehr Schneeverwehungen in einem Gebiet, welches auch als «Dach Frankreichs» bezeichnet wird, weil hier die Einzugsgebiete von Lot (Garonne), Loire und Rhone an einem kaum näher bestimmbaren Punkte aufeinandertreffen.

Als Schutz gegen Schneeverwehungen wurden bereits in den ersten Betriebsjahren verschiedene Galerien erstellt und zum Teil inzwischen verlängert. Die grösste, den obersten Schenkel der S-Schleife von Larzalier teilweise eindeckend, erinnert in ihrer Länge an Gebirgsbahnen in Norwegen. Trotz allen Massnahmen kommt es jedoch vor, dass die Linie im Winter einige Tage lang unterbrochen ist.

Und doch sind ausgerechnet die Schwierigkeiten im Winter der Hauptgrund für den Fortbestand dieser seit den Dreissigerjahren von Betriebsumstellung bedrohten Linie. Der Grund ist leicht einzusehen: Die Probleme mit den Strassen sind im Winter noch grösser. Die Linie wird auf äusserst sparsame Weise betrieben. Mit Ausnahme der

assurant le transport des bois, toutes les gares intermédiaires furent transformées en points d'arrêt inoccupés. Les passages à niveau sont munis de barrières automatiques (sauf les passages très peu importants). En raison de la légèreté des trains et du peu de circulations (pas de service marchandises en amont de la gare de Bagnols), l'entretien est faible; toutefois, les galeries paraneiges bénéficièrent de travaux d'entretien et de réparation en 1980.

La ligne est parcourue pendant les mois de vacances par l'autorail direct de Toulouse à Lyon et vice versa, via Carmaux, Albi, Rodez, Mende, Langogne, Le Puy et St-Etienne, liaison très recommandée aux amis du rail. Le nombre de trajets journaliers fut porté de trois à quatre vers la fin des années 70, à la suite du transfert sur route de deux sur cinq courses, ceci sur la partie inférieure de la ligne entre Mende et Le Monastier. Ainsi un autorail trop peu utilisé jusqu'ici servit à l'amélioration de la desserte du tronçon supérieur, reliant Mende à Nîmes et Montpellier.

La ligne, située dans une région de 9 à 10 habitants par km² mais ceci dans quelques parties seulement, profite de l'amélioration apportée aux autorails dès 1980. Peu important dans l'ensemble des transports ferroviaires, mais très utile pour la région et remarquable par son historique et son tracé, elle peut servir d'exemple d'une politique de maintien d'un nombre restreint de voies ferrées secondaires que l'on aurait vraisemblablement fermées en Hollande ou en Angleterre, où des lignes mieux fréquentées ont disparu.

Station von Bagnols, die noch Güterverkehr (Holz) aufweist, sind sämtliche Zwischenstationen zu unbedienten Haltestellen geworden. Die schienengleichen Strassenübergänge wurden mit automatischen Barrieren versehen. Der Streckenunterhalt wird in Anbetracht der geringen Frequenz und des bescheidenen Gewichtes der Züge bescheiden gehalten. Immerhin wurden die Schneegalerien in den Jahren um 1980 eingehend instandgestellt.

Im Hochsommer wird die Linie von der Triebwagenverbindung von Toulouse nach Lyon über Albi–Rodez–Mende–La Bastide–Le Puy mitbenützt, die Eisenbahnfreunden sehr empfohlen werden kann.

Die Zahl der ganzjährig verkehrenden Zugspaare wurde Ende der Siebzigerjahre von drei auf vier erhöht, um Mende über die Cevennenlinie besser an Nîmes und Montpellier anzuschliessen. Dies wurde erreicht durch Ersatz von zwei der fünf Zugspaare durch einen Bus auf der Streckenfortsetzung von Mende nach Le Monastier (an der «Ligne des Causses» gelegen). Der so freigewordene Triebwagen stellt nun die zusätzliche Verbindung über den uns interessierenden, oberen Streckenteil sicher.

Im übrigen kam selbst La Bastide–Mende, eine Linie in einer Region mit teilweise nur 10 Einwohnern auf den Quadratkilometer, nach 1980 in den Genuss neueren Rollmaterials. Damit ist diese im Eisenbahnverkehr zwar unscheinbare, aber in bezug auf Entstehung und Anlage bemerkenswerte Linie ein Musterbeispiel für eine Politik, die es ermöglicht, eine beschränkte Zahl von für die Regionen bedeutungsvollen Nebenlinien beizubehalten und auf sparsame Weise zu betreiben. In den Niederlanden oder in England sind Linien in Gebieten mit wesentlich höherer Volksdichte stillgelegt worden.

En gare de Mende, une des préfectures les plus petites de la France.
17. 7. 1983

Im Bahnhof von Mende, Hauptort des Departementes Lozère, eine der kleinsten Préfectures Frankreichs.
17. 7. 1983

Les rampes entre Mende et le Causse de ▶ Montbel atteignent les 27,5‰. Passage à niveau entre Badaroux (derrière le photographe) et Bagnols-Chadenet.
26. 7. 1975

Steilrampe mit bis zu 27,5‰ Steigung ▶ von Mende auf den Causse de Montbel. Niveauübergang zwischen Badaroux (rückliegend) und Bagnols-Chadenet.
26. 7. 1975

103

La ligne de Mende à La Bastide en
corniche sur la vallée du Lot entre
Badaroux (à gauche) et Bagnols-
Chadenet.
15. 7. 1973

Abschnitt der Linie Mende–La Bastide
hoch über dem Tal des Lot zwischen
Badaroux (links) und Bagnols-Chadenet.
15. 7. 1973

Un autre aspect de la rampe en corniche
entre Badaroux (à gauche) et Bagnols-
Chadenet.
10. 7. 1971

Anderer Abschnitt der Rampe zwischen
Badaroux (links) und Bagnols-Chadenet.
10. 7. 1971

Train de marchandises en manœuvre en gare de Bagnols-Chadenet. Celle-ci est assez éloignée des localités et son trafic voyageurs est modeste, mais les expéditions de bois lui assurent une certaine importance.
10. 7. 1973

Rangierender Güterzug in der Station von Bagnols-Chadenet. Diese ist von den Ortschaften weit entfernt und hat deshalb kaum Personenverkehr, aber der Holzverlad hat einige Bedeutung.
10. 7. 1973

Entre Allenc et Larzalier, la ligne fait une
grande boucle en S dont les photos
montrent la courbe inférieure. Pas de
tunnel hélicoïdal. Autorail Toulouse–
Lyon.
26. 7. 1975

Zwischen Allenc (Blickrichtung) und
Larzalier. Zwei aufeinanderfolgende Aufnahmen vom Autorail Toulouse–Lyon in
der unteren Kurve der S-förmigen Linienentwicklung. Kehrtunnels sind keine vorhanden.
26. 7. 1975

Tracé original entre la boucle en S et la montagne du Goulet, abandonné en faveur d'une variante plus économique sans tunnel de faîte. Les entrées de ce tunnel dont quelques centaines de mètres étaient déjà construits lors du changement du projet se sont effondrées et sont difficiles à trouver dans le terrain. 26. 7. 1975

Das ursprüngliche Trassee der Linie zwischen der unteren Kurve der S-Schleife und dem ursprünglich vorgesehenen Tunnel unter der Montagne du Goulet, dessen Bau nach einigen hundert Metern aufgegeben wurde. Die Tunneleingänge sind eingestürzt und im Gelände kaum noch auszumachen. 26. 7. 1975

108

La grande galerie de Larzalier dans la partie supérieure du développement en S. En été, il est difficile de s'imaginer l'importance des amas de neige provoqués par les vents d'hiver. En janvier 1978, la ligne fut interrompue pour cette raison pendant plus d'une semaine.
Photos prises le 15. 7. 1983 et 10. 7. 1971

Die grosse Schneegalerie von Larzalier im oberen Teil der S-Schleife. Im Hochsommer kann man sich nicht vorstellen, wie gross die Schneeverwehungen in manchen Wintern sein können. Im Januar 1978 war die Linie während mehr als einer Woche unterbrochen.
Aufnahmen vom 15. 7. 1983 und 10. 7. 1971

Le viaduc de Mirandol entre Daufage-le-
Goulet (halte, à droite) et Chasseradès.
26. 7. 1975

Der Viadukt von Mirandol zwischen der
Haltestelle Daufage-le-Goulet (rechts)
und Chasseradès.
26. 7. 1975

Déneigement sur le viaduc de Mirandol
en janvier 1978.
Photo G. Chaptal, Chasseradès

Schneeräumung auf dem Viaduc de
Mirandol im Januar 1978.
Foto G. Chaptal, Chasseradès

Galeries paraneiges à Chasseradès.
Cette fois, toutefois, celles-ci ne seraient
pas nécessaires, mais selon les hivers,
les amas peuvent être énormes dans les
tranchées notamment.
31. 12. 1984

Schneegalerien bei Chasseradès. Für so
wenig Schnee wie im Bild wären sie
natürlich nicht notwendig, aber in
gewissen Jahren sammeln sich
besonders in Einschnitten gewaltige,
vom Wind hergetragene Schneemassen.
31. 12. 1984

Croisement d'autorails à Chasseradès le 11. 8. 1973. La voie d'évitement a été déposée entre-temps et la gare est transformée en point d'arrêt inoccupé.

Zugskreuzung im Statiönchen von Chasseradès am 11. 8. 1973. Inzwischen ist das Kreuzungsgleis entfernt und die Station zum unbedienten Haltepunkt umgewandelt worden.

La vallée supérieure de l'Allier entre ▶ Chasseradès et La Bastide, gare de correspondance de la ligne à celle des Cévennes.
25. 8. 1970

Im obersten Allier-Tal zwischen ▶ Chasseradès und La Bastide, wo die Linie Anschluss an die Cevennenbahn findet.
25. 8. 1970

113

Le point culminant de la ligne des
Cévennes au sud de la gare de La Bastide
à 1030 m d'altitude. La voie ferrée pour
Nîmes se dirige vers la gauche, celle pour
Mende vers la droite.
25. 7. 1975

Scheitelpunkt der Linie auf 1030 m ü. M.
südlich des Bahnhofes von La Bastide.
Links die Linie nach Nîmes, rechts diejenige nach Mende.
25. 7. 1975

114

Changement d'aspect du paysage après
le tunnel de La Bastide, percé sous la
ligne de partage des eaux entre les
bassins de l'Allier (affluent de la Loire) et
du Rhône. Autorail Panoramique à la
montée vers La Bastide.
25. 7. 1975

Nach der Durchfahrt durch den Tunnel
de La Bastide unter der Wasserscheide
zwischen Allier (Loire) und Rhone ist das
Landschaftsbild völlig verändert. Autorail
Panoramique im Schlussanstieg nach
La Bastide.
25. 7. 1975

Le tunnel de Gravil, en arrière-plan le tunnel de Pradal. Vue prise du front d'un autorail panoramique entre Prévenchères et La Bastide (dans le sens de vue).
4. 7. 1971

Tunnel de Gravil, dahinter Tunnel de Pradal, aufgenommen aus dem Frontabteil eines Autorail Panoramique zwischen Prévenchères und La Bastide.
4. 7. 1971

Le viaduc double de Mirandol entre Daufage-le-Goulet (halte) et Chasseradès (derrière le photographe). Autorail Mende–La Bastide. ▶
18. 7. 1983

Der zweiteilige Viadukt von Mirandol zwischen der Haltestelle Daufage-le-Goulet und Chasseradès (rückliegend). Autorail Mende–La Bastide. ▶
18. 7. 1983

Travaux de réparation de la galerie de
Chasseradès sous une pluie battante.
8. 7. 1980

Reparaturarbeiten an der Galerie de
Chasseradès bei strömendem Regen.
8. 7. 1980

Autorail avec remorque entre La Bastide et Chasseradès (dans le sens de vue), un joli contraste dans les genêts en pleine fleur.
10. 7. 1980

Farbkontrast zwischen La Bastide und Chasseradès (Blickrichtung): Autorail mit Anhänger – Ginster in Vollblüte.
10. 7. 1980

Autorail panoramique en tête d'une rame vers Alès–Nîmes en amont de Prévenchères le 26. 7. 1977. Ce matériel n'était plus utilisé cette année pour le Cévenol mais pour quelques autres trains.

Triebwagenzug Richtung Alès–Nîmes mit Autorail Panoramique an der Spitze, oberhalb Prévenchères am 26. 7. 1977. In diesem Jahr war nicht mehr der Cévenol, sondern ein namenloser Triebwagenzug mit diesen Aussichtstriebwagen ausgerüstet.

Prévenchères, rame d'autorails en direction de La Bastide–Clermont-Ferrand.
12. 6. 1984

▶

Triebwagenzug Richtung La Bastide–Clermont-Ferrand über dem Dorf Prévenchères.
12. 6. 1984

▶

122

Seule la partie supérieure du viaduc de
l'Altier, haut de 73 m, est visible au-
dessus des eaux du lac artificiel de Villefort. Le Cévenol pour Nîmes–Marseille.
22. 4. 1984

Vom 73 m hohen Altier-Viadukt oberhalb
Villefort ragt nur noch der obere Teil aus
dem Wasser. Der Cévenol Richtung
Nîmes–Marseille.
22. 4. 1984

◄ Le Cévenol dans les genêts en pleine
fleur. Vue sur le lac artificiel de l'Altier en
amont de Villefort.
11. 6. 1984

◄ Der Cévenol im blühenden Ginster, im
Hintergrund der Altier-Stausee oberhalb
Villefort.
11. 6. 1984

124

La ligne entre La Bastide et Prévenchères (derrière le photographe). Vue sur les vallées enserrées dont les eaux se dirigent vers le Rhône.
27. 7. 1975

Abschnitt zwischen La Bastide und Prévenchères (rückliegend) mit Ausblick auf tief eingeschnittene Täler, die zur Rhone hin entwässern.
27. 7. 1975

◄ Le Cévenol avec autorail panoramique en tête, en direction de Nîmes–Marseille sur le petit viaduc de la Finoune en aval de Génolhac. Le paysage ici ressemble un peu à celui de l'Apennin au nord de Florence.
14. 6. 1976

◄ Der Cévenol Richtung Nîmes–Marseille unterhalb Génolhac auf dem kleinen Viadukt über die Finoune. Die Landschaft erinnert hier leicht an den Apennin nördlich von Florenz.
14. 6. 1976

En aval de Prévenchères, le Cévenol en direction de Nîmes–Marseille passe par le viaduc du Rachas sur le Chassezac dont les eaux sont retenues par le barrage portant le même nom.
1.9.1985

Der Viaduc du Rachas über dem gestauten Chassezac etwas unterhalb Prévenchères, mit dem Cévenol Richtung Nîmes–Marseille.
1.9.1985

Le barrage du Rachas entre Prévenchères (à gauche) et Villefort. ▶
23.7.1977

Barrage du Rachas zwischen Prévenchères (links) und Villefort. ▶
23.7.1977

Le viaduc de l'Altier, haut de 73 m avant
la construction du barrage. Autorail pour
La Bastide en amont de Villefort.
7. 7. 1971

Der Altier-Viadukt oberhalb Villefort, mit
Autorail Richtung La Bastide. Höhe des
Viaduktes vor Bau der Staumauer: 73 m.
7. 7. 1971

Le Cévenol avec autorail panoramique en tête en direction de Nîmes–Marseille, sur le viaduc de l'Altier en amont de Villefort.
9. 7. 1971

Der Cévenol, damals mit Autorail Panoramique an der Spitze, Richtung Nîmes–Marseille auf dem Altier-Viadukt oberhalb Villefort.
9. 7. 1971

A Villefort, entre les tunnels de Villefort (direction de vue) et du Rat.
22. 4. 1984

Villefort, zwischen den Tunnels de Villefort (in Blickrichtung) und du Rat.
22. 4. 1984

Viaduc de la Malautière en amont de Concoules (localité vers la droite).
9. 7. 1971

Der Viaduc de la Malautière oberhalb Concoules (rechts).
9. 7. 1971

Train omnibus pour La Bastide avec
autorail panoramique en gare de
Concoules.
5. 7. 1971

Lokalzug Richtung La Bastide mit
Autorail Panoramique in der Station
Concoules.
5. 7. 1971

Train de marchandises se dirigeant vers
Alès en gare de Génolhac.
14. 6. 1976

Güterzug Richtung Alès in der Station
Génolhac.
14. 6. 1976

Le viaduc du Luëch près Chamborigaud, une plaisanterie photographique avec deux vues consécutives prises pendant le passage du Cévenol pour Clermont-Ferrand.
5. 7. 1971

Fotografischer Scherz mit zwei aufeinanderfolgenden und aneinander montierten Aufnahmen. Der Cévenol, Richtung Clermont-Ferrand, auf dem Viaduc du Luëch bei Chamborigaud.
5. 7. 1971

Pages 133, 134, 135
Fascination d'un viaduc: celui du Luëch
près Chamborigaud, à une hauteur
maximale de 47 m, dans une courbe
formant une boucle vers l'extérieur de la
vallée. Le rayon de la partie aux arches
étroites est plus faible que sur le reste du
viaduc (200 contre 240 m). Les trains et
autorails le passent à vitesse réduite pour
éviter les effets de la force centrifuge, ce
qui facilite le travail du photographe.
27. 7. 1975 et 23. 4. 1984

Seiten 133, 134, 135
Faszination eines Viaduktes: Der Luëch-
Viadukt bei Chamborigaud, welcher die
Linie in enger, hufeisenförmiger Kurve
talauswärts in bis zu 47 m Höhe über das
Tal führt. Eigenartige zweiteilige Bauart
mit kleineren Bögen im Teil mit dem
besonders engen Kurvenradius von
200 m (Rest des Viaduktes: 240 m
Radius). Zur Vermeidung zu hoher Fliehkräfte wird der Viadukt mit reduzierter
Geschwindigkeit befahren, was dem
Eisenbahnfotografen die Arbeit sehr
erleichtert.
27. 7. 1975 und 23. 4. 1984

Des champs de fleurs à Mas-les-Gardies
rappelant la Hollande.
21. 4. 1984

Blühende Tulpenfelder bei der
ehemaligen Station Mas-les-Gardies
erinnern an die Niederlande.
21. 4. 1984

Tunnel de la Bégude entre Chamborigaud et Ste-Cécile-d'Andorge. Il est le plus long de la ligne. Autorail, série 2400, en direction de Villefort. C'est la dernière série avec fenêtres munies d'hublots pour la ventilation de la cabine de conduite.
6. 7. 1971

Der Tunnel de la Bégude mit Autorail der älteren Serie 2400 Richtung Villefort. Es handelt sich um die letzte Serie mit den auffallenden Bullaugenfenstern für die Lüftung des Führerstandes.
6. 7. 1971

A Ste-Cécile-d'Andorge, une petite ligne à voie étroite vers Florac existait jusqu'en 1968. Le premier viaduc en courbe trois années après la suppression de la ligne.
5. 7. 1971

In Ste-Cécile-d'Andorge zweigte bis 1968 eine Schmalspurlinie Richtung Florac (am oberen Ende der berühmten Gorges du Tarn gelegen) ab. Der erste Viadukt der Linie drei Jahre nach deren Stillegung.
5. 7. 1971

Ste-Cécile-d'Andorge, matériel roulant envahi par les arbustes trois années après la fermeture de la ligne à voie étroite pour Florac. Les projets d'un chemin de fer touristique ne furent pas réalisés en ce lieu éloigné des grands courants du trafic.
4./5. 7. 1971

Ste-Cécile-d'Andorge. Bereits stark von der Vegetation überwuchertes Rollmaterial drei Jahre nach der Stillegung der Schmalspurlinie nach Florac. Bestrebungen, die von den grossen Verkehrsströmen weit entfernte Strecke als Museumsbahn zu erhalten, sind gescheitert.
4./5. 7. 1971

138

Autorail de l'ancienne série 5500 dans
un service omnibus pour Chamborigaud
sur la rive gauche du Gardon d'Alès entre
Ste-Cécile-d'Andorge et La Levade.
5. 7. 1971

Alter Autorail, Serie 5500, als Lokalzug
am Gardon d'Alès unterhalb Ste-Cécile-
d'Andorge.
5. 7. 1971

Viaduc du Lardoux, train du matin en
direction d'Alès–Nîmes, en amont de La
Levade.
14. 6. 1976

Der Viaduc du Lardoux oberhalb La
Levade. Morgenzug Richtung Alès–
Nîmes.
14. 6. 1976

Autorail, série 3800, surnommé
«Picasso» en raison de ses proportions
quelque peu insolites, et le Cévenol en
direction de Nîmes–Marseille, en amont
de La Levade.
14. 6. 1976 et 20. 4. 1984

Alter Autorail, Serie 3800, mit dem
Übernamen «Picasso» wegen seiner
ungewöhnlichen Formen, als Lokalzug.
Der Cévenol, Richtung Alès–Nîmes,
oberhalb La Levade.
14. 6. 1976 und 20. 4. 1984

Dans la zone minière de La Grand'Combe. Il faut reconnaître que le charme du paysage diminue ici mais cette section de la ligne est intéressante à parcourir.
20. 4. 1984

Im Kohlebergbaugebiet von La Grand'Combe. Die landschaftlichen Reize schwinden hier zwar rasch, aber interessant sieht die Gegend trotzdem aus.
20. 4. 1984

Usine électrique à charbon en aval de La
Grand'Combe, le Cévenol en direction de
Clermont-Ferrand–Paris.
20. 4. 1984

Kohlekraftwerk mit dem Cévenol
Richtung Clermont-Ferrand–Paris unterhalb La Grand'Combe.
20. 4. 1984

Les pentes de la ligne sont plus faibles en aval de La Grand'Combe. Passage de la gare de Malbosc, train en direction d'Alès–Nîmes.
4. 7. 1971

Unterhalb von La Grand'Combe wird das Gefälle schwächer. Durchfahrt durch die Station Malbosc Richtung Alès–Nîmes.
4. 7. 1971

En ville d'Alès. Autorail, série 4500, entre Tamaris (à droite) et la gare d'Alès devant un cône restant de l'activité de l'industrie minière dans la région.
24. 7. 1987

Auf Stadtgebiet in Alès. Autorail, Serie 4500, zwischen Tamaris (rechts) und dem Bahnhof von Alès, vor einem Schuttkegel vom Kohlebergbau in der Region.
24. 7. 1987

144

ALES – BESSEGES

32 km

Déclivité maximale / Maximalneigung	9 o/oo
Rayon plus faible / minimaler Kurvenradius	200 m
Dénivellation / Höhendifferenz	32 m
Altitude maximale / Höchster Punkt	189 m
Déclaration d'utilité publique	1852
Concession / Konzession	7. 6.1854
Mise en service / Inbetriebnahme	1.12 1857
Fermeture de la ligne directe au service voyageurs / Schliessung der direkten Linie für Personenverkehr	Robiac - Le Teil 9. 3.1969
(Fermeture au service marchandises/ Schliessung für Güterverkehr)	(Robiac - Beaulieu-Berrias) (1. 2.1971)

Ouvrages d'art / Kunstbauten

Gare, Tunnel, Viaduc Bahnhof, Tunnel, Viadukt	Longueur Länge m	Hauteur Höhe m	Arches Bögen	km
ALES				0
Salindres				9
Viaduc de l'Auzonnet	172	25	9 x 12 m	
St-Julien-les-Fumades				15
Tunnel de St-Julien	81			
Tunnel du Moulinet	32			
Galerie de St-Ambroix	26			
Tunnel de St-Ambroix	275			
St-Ambroix				21
Tunnel de Playsse	126			
Molières-sur-Cèze				25
Gammal (Halte)				26
Tunnel de Perret	71			
Robiac				29
BESSEGES				32

Particularités

Cet embranchement est le reste modeste d'un réseau étendu autrefois au pied des Cévennes. Sans être chemin de fer de montagne, il est présenté dans ce livre à titre d'exemple des lignes construites pour l'exploitation houillère dans la région d'Alès.

Jusqu'à Robiac, à quelques kilomètres seulement du terminus de Bessèges, cette ligne faisait partie d'une liaison régionale, de 1876 à 1969, entre Alès et la ligne de la rive droite du Rhône. Cette dernière fut transformée en ligne destinée exclusivement aux marchandises en 1973 (sauf déviations en cas de perturbations sur la ligne de la rive gauche) et, dans ce but, fut modernisée et électrifiée.

L'embranchement de Robiac à Bessèges, se terminant en cul-de-sac, fut construit 19 ans avant le raccordement de la vallée du Rhône; mais il survécut grâce aux industries assez importantes situées à Bessèges. Par contre, un projet de prolongement direction La Vernarède, d'où un chemin de fer minier à voie normale existait autrefois vers la ligne des Cévennes à Chamborigaud, fut estimée trop coûteux et ne fut jamais réalisé.

Alès–Bessèges est caractérisé par quelques tunnels, prévus à deux voies mais réalisés à une seule, et par un viaduc de dimensions assez remarquables.

La ligne est une des dernières à avoir été parcourue par des autorails panoramiques qui avaient vu de meilleurs jours. En raison de la réforme de ces derniers en juin 1985, les photos présentées dans ce livre sont historiques déjà.

La plus grande partie de la circulation se fait en autocars les dimanches et les jours de fête.

Besonderheiten

Diese Zweiglinie ist das einzige, was von einem umfangreichen Netz normal- und schmalspuriger Nebenlinien in der Region Alès übriggeblieben ist. Sie hat zwar kaum Gebirgsbahncharakter, wurde jedoch in dieses Buch aufgenommen als ergänzendes Beispiel für Linien, die schon in der Frühzeit der Eisenbahn zur Erschliessung von Kohleminen in der Umgebung von Alès gebaut worden waren.

Bis Robiac, nur wenige Kilometer vom Endpunkt Bessèges entfernt, war die Linie von 1876 bis 1969 Teil einer Querverbindung zur rechtsufrigen Rhonetallinie, welche ihrerseits seit August 1973 nur noch dem Güterverkehr offensteht (Umleitungen bei Störungen ausgenommen) und für diesen Zweck seither stark modernisiert und elektrifiziert worden ist.

Die Stichbahn nach Bessèges war 19 Jahre älter als die erwähnte Querverbindung – und hat überlebt. Dies verdankt sie in erster Linie den Industrien in Bessèges. Hingegen erwies sich das Projekt einer Fortsetzung nach La Vernarède, von wo aus seinerzeit eine kurze, normalspurige Minenbahn nach Chamborigaud an der Cevennenlinie führte, als zu aufwendig.

Alès–Bessèges weist nur wenige kurze Tunnels auf, die alle für zwei Gleise ausgebrochen sind, und einen einzigen grösseren Viadukt.

Die Linie gehörte zu den letzten Einsatzgebieten der Autorails Panoramiques, welche bessere Tage gesehen hatten, und von denen die letzten im Juni 1985 aus dem Verkehr gezogen wurden, so dass die Bilder in diesem Buche inzwischen historisch geworden sind.

Sonntags ist der grössere Teil des Personenverkehrs dieser Linie auf die Strasse verlegt.

Salindres, en gare un des derniers
autorails panoramiques en service. La
ligne d'Alès à Bessèges faisait part de
leur dernier domaine.
20. 4. 1984

Salindres, mit einem der letzten Autorails
Panoramiques, zu deren letzten Einsatzgebieten die Linie Alès–Bessèges
gehörte.
20. 4. 1984

147

Le viaduc sur l'Auzonnet, unique ouvrage d'art d'une certaine importance de la ligne.
20. 4. 1984

Viadukt über den Auzonnet, das einzige grössere Bauwerk der Stichlinie nach Bessèges.
20. 4. 1984

La gare de Molières-sur-Cèze.
21. 4. 1984

Das Stationsgebäude von Molières-sur-Cèze.
21. 4. 1984

Usine près de St-Ambroix, côté Alès. ►
6. 4. 1985

Fabrik etwas vor St-Ambroix, Seite Alès. ►
6. 4. 1985

149

Robiac, gare d'embranchement jusqu'en 1969. La ligne vers Le Teil jadis plus importante fut supprimée et la voie fut déposée partiellement. Par contre, l'antenne courte se terminant en cul-de-sac à Bessèges survécut en raison des industries importantes. La zone de l'ancien embranchement devint voie de garage pour des wagons réformés ou non utilisés en dehors des pointes du trafic.
21. 4. 1984

Robiac, frühere Abzweigstelle nach Bessèges und Le Teil. Die letztere, ehemals wichtigere Linie wurde 1969 stillgelegt und später teilweise abgebrochen, während die kurze Stichbahn nach Bessèges wegen den dortigen Industrien überlebte. Im ehemaligen Verzweigungsbereich abgestellte Güterwagen, teils ausrangierte, teils solche, die ausserhalb der Verkehrsspitzen nicht gebraucht werden.
21. 4. 1984

Bessèges, terminus du parcours dont un prolongement vers La Vernarède (– Chamborigaud) resta en projet.
20. 4. 1984

Bessèges, Endstation der verbliebenen Strecke. Eine Fortsetzung nach La Vernarède weiter oben im Tal und damit nach Chamborigaud an der Cevennenlinie blieb unausgeführt.
20. 4. 1984

La section finale de la ligne n'est pas située dans la montagne. A Mas-les-Gardies, jadis gare d'embranchement, les trains passent sans arrêt. ►
21. 4. 1984

Der Schlussabschnitt der Cevennenlinie ► hat keinen Gebirgsbahncharakter. Aufgegebene Abzweigstation von Mas-les-Gardies.
21. 4. 1984

150

ANDUZE – ST-JEAN-DU-GARD

13,2 km

Déclivité maximale / Maximalneigung		15 o/oo
Dénivellation / Höhendifferenz		53 m
Altitude maximale / Höchster Punkt	St-Jean-du-Gard, Gare	186 m
Déclaration d'utilité publique		27. 7.1897
Concession / Konzession		27. 7.1897
Mise en service / Inbetriebnahme		26. 5.1909
Fermeture voyageurs / Schliessung Personenverkehr		5. 6.1940
Fermeture marchandises / Schliessung Guterverkehr		31. 7.1971
Remise en service comme ligne touristique / Wiederinbetriebnahme als Museumsbahn		Juin 1982

Gare, Tunnel, Viaduc Bahnhof, Tunnel, Viadukt	Longueur Länge m	Arches Bögen
ANDUZE		
Tunnel d'Anduze	833	
Viaduc sur le Gardon d'Anduze		2 + 2 travées métalliques
Viaduc sur le ruiseeau de Guypières		
Viaduc sur le ruisseau de l'Amous		
Halte de la Bambouseraie de Prafrance		
Générargues *		
Tunnel	114	
Viaduc sur le Gardon de Miallet		10
Galerie	50	
Corbès *		
Viaduc de la Plaine (sur le Gardon d'Anduze)		
Thoiras-Lasalle *		
Viaduc sur la Salindrenque		6
Tunnel de la Salindrenque	157	
petit viaduc		
Massiès *		
Viaduc sur le Boisseson		
ST-JEAN-DU-GARD		

* non desservies / wird nicht bedient

152

Train touristique avec la 140 C no 27 en
tête, se dirigeant vers Anduze, en amont
du Tunnel de la Salindrenque.
23. 7. 1987

Nostalgischer Dampfzug mit der 140 C
Nr. 27 (Achsfolge 1 D) unterwegs nach
Anduze, etwas oberhalb des Tunnel de la
Salindrenque.
23. 7. 1987

153

◄ Avant d'entrer en gare de Nîmes, les trains en provenance des Cévennes doivent changer de direction. Ils sont poussés vers la gare. La position des feux rouges de queue doit être changée.
21. 4. 1984

◄ Die Cevennenlinie mündet ausserhalb des Bahnhofes von Nîmes in verkehrter Richtung in die Hauptlinie Marseille–Toulouse ein. Von den Cevennen herkommende Züge müssen in den Bahnhof geschoben werden, was das Umsetzen der Schlusslichter erfordert.
21. 4. 1984

Le train du matin en provenance de Paris–Clermont-Ferrand en gare de Nîmes, terminus du parcours. Les locomotives, série 67400, rendent de très bons services non seulement sur les lignes quasi-horizontales mais aussi sur des lignes difficiles comme celle des Cévennes. Elles sont des machines à utilisation universelle.
4. 7. 1971 et 21. 4. 1984

Der Morgenzug von Paris–Clermont-Ferrand im Bahnhof von Nîmes, seinem Ziel. Die Diesellokomotiven der Serie 67400 bewähren sich gleichermassen auf Flachlandstrecken wie auf so schwierig trassierten Gebirgsstrecken wie der Cevennenlinie.
4. 7. 1971 und 21. 4. 1984

Le dernier convoi (Vichy–Darsac)

De Mme Joly, en villégiature à Sembadel

Lectrice depuis plus de 25 ans, de «La Vie du Rail», c'est en cette qualité que je me permets de solliciter de votre bienveillance l'insertion du compte rendu de ce soir inoubliable où passait pour la dernière fois en gare de Sembadel, d'autorail Vichy–Darsac.

Habituée des grands express, et du «Capitole», j'aimais cet autorail qui parcourait une région pittoresque, belle de ses champs, de ses bois, de ses villages – maisons au toit rouge contrastant avec le vert sombre des forêts.

Cet autorail confortable avait remplacé le petit train poussif, qui crachait une fumée noire et sifflait rageusement à l'approche d'un tunnel.

L'autorail Vichy–Darsac a subi les lois – je ne dirai pas du progrès – mais de la statistique. Il s'avérait déficitaire, il convenait donc de le supprimer ... Tout simplement ... On reclasserait le personnel qu'il faisait vivre ... Quant aux voyageurs dépourvus d'un moyen de déplacement particulier, et bien! on mettrait à leur disposition, un autobus, lequel, sans avoir les commodités et le confort des transports par rails, aurait un air de supériorité moderne – de diligence améliorée.

Il a bien fallu se soumettre, et hier, samedi 25 septembre 1971, l'autorail Vichy–Darsac achevait son destin.

Dès vingt heures, nous l'attendions sur le quai de la gare de Sembadel. Il arriva, fidèle comme à l'accoutumée, s'annonçant par le signal avertisseur. Mais ce soir-là, n'avait rien de comparable aux soirs précédents. Quelque chose d'insolite flottait dans l'air.

L'avant de la voiture motrice était orné de branches de sapin et d'un drapeau noir: signe de deuil.

Deuil pour les cheminots présents, deuil pour les derniers voyageurs et pour ceux qui assistaient à l'humble cérémonie de l'adieu.

Une sorte d'exaltation animait tous ceux qui se trouvaient là, groupés près du dernier «loco»: cheminots et amis de cette grande famille cheminote dont les membres ont une si lourde responsabilité.

L'adieu définitif fut émouvant en dépit de la pointe d'humour due à l'initiative imprévue du plus jeune employé. S'approchant d'une dame d'âme respectable:

«Au revoir, mémé» dit-il en l'embrassant.

Ce fut le signal de l'accolade donnée par les employés aux amis présents: geste sans préméditation, mais chaleureux, s'il en fut.

Puis, le mécanicien s'élança vers sa cabine, prit les commandes avec son habituelle maîtrise. Dans un bruit prolongé d'avertisseur et de pétards disposés sur la voie, le dernier autorail quittait Sembadel pour n'y plus revenir. Un

Der letzte Zug (Vichy–Darsac)

Von Frau Joly, in den Ferien in Sembadel

Als Leserin der «La Vie du Rail» seit 25 Jahren erlaube ich mir, Sie um Aufnahme des nachstehenden Berichtes in Ihre Zeitschrift zu bitten, über den unvergessenen Abend, an welchem der letzte Autorail Vichy–Darsac den Bahnhof Sembadel bediente.

Gewohnt an die grossen Expresszüge und insbesondere an den «Capitole», hatte ich doch immer eine Vorliebe für diesen Autorail, der durch eine malerische Gegend fuhr, mit schönen Feldern, Wäldern, Dörfern – mit ihren Häusern mit den roten Dächern, die so reizvoll mit den dunkelgrünen Wäldern kontrastierten.

Dieser komfortable Autorail hatte seinerzeit den schnaufenden Dampfzug abgelöst, der schwarzen Rauch ausspie und bei jeder Annäherung an einen Tunnel einen zornigen Pfiff von sich gab.

Der Autorail Vichy–Darsac wurde ereilt von den Gesetzten – ich möchte nicht sagen, des Fortschritts – wohl aber von denen der Statistik. Er erwies sich als defizitär, deshalb musste man ihn ersetzen ... Ganz einfach ... Man stuft das Personal, deren Lebensinhalt er war, zurück, und was die Reisenden ohne eigenes Fahrzeug betrifft, nun, so stellt man diesen einen Autobus zur Verfügung, der, wenngleich ohne die Annehmlichkeiten des Schienenfahrzeuges zu bieten, zum mindesten von der Aura moderner Überlegenheit umgeben ist – eine modernisierte Postkutsche.

Man musste sich fügen, und gestern, am Samstag, den 25. September 1971, erfüllte sich das Schicksal des Autorails Vichy–Darsac.

Ab zwanzig Uhr warteten wir auf ihn am Bahnsteig in Sembadel. Er kam, treu wie gewohnt, und kündete sich mit seinem Hornsignal an. Aber an diesem Abend war etwas anders als an den vorangegangenen Abenden. Etwas Ungewohntes schwebte in der Luft.

Die Stirnfront des Motorwagens war geschmückt mit Tannenzweigen und einer schwarzen Flagge: Zeichen der Trauer.

Trauer für die anwesenden Eisenbahner, Trauer für die letzten Reisenden und für alle, die an der bescheidenen Abschiedszeremonie teilnahmen.

Ein seltsames Gefühl herrschte unter allen Anwesenden, bei diesem letzten Zug: Eisenbahner und Freunde der grossen Familie der Eisenbahner, deren Mitglieder eine so grosse Verantwortung tragen.

Der endgültige Abschied war traurig trotz einer humoristischen Note, welche einer plötzlichen Eingebung des jüngsten Eisenbahners entsprang. Er näherte sich einer Dame mit respektgebietendem Aussehen und küsste sie mit den Worten: «Auf Wiedersehen, Oma».

Dies war das Zeichen zu Umarmungen

grand brouillard de fumée masque l'arrière du convoi. Cette fumée! ... Quel symbole! ...

A ce moment, trois cheminots restés, par devoir, sur le quai de la gare, s'enfuirent, s'enfoncèrent dans la nuit ...

Qui nous dira l'anxieté de tous ces hommes, à ce tournant incertain de leur vie professionnelle? Et nous-mêmes, ne pouvions nous défendre d'une profonde amertume en songeant à ce changement et à toutes ses conséquences ...

La Vie du Rail, no 1312, 17. 10. 1971, p. 48

zwischen Eisenbahnern und anwesenden Freunden, eine spontane, herzliche Szene, so, wie es sich ergab.

Und schon stieg der Führer in seine Kabine zurück, ergriff mit gewohnter Sicherheit seine Bedienungselemente. Mit einem langen Hornsignal und unter dem Krachen mehrere Knallkapseln auf dem Gleis verliess der letzte Autorail Sembadel, um nie mehr wiederzukehren. Eine dichte Rauchschwade verdeckte den Zugsschluss. Dieser Rauch! ... Welch ein Symbol! ...

Drei Eisenbahner blieben pflichtgetreu auf dem Bahnsteig zurück, entfernten sich dann und verschwanden in der Nacht ...

Wer spricht von den Gefühlen dieser Männer an dieser Wende ihres beruflichen Lebens ins Ungewisse? Auch wir konnten uns einer gewissen Bitterkeit nicht erwehren im Gedanken an diese Veränderung mit all ihren Folgen.

La Vie du Rail, Nr. 1312, 17. 10. 1971, S. 48

REMERCIEMENTS

En conclusion à cet ouvrage, l'auteur tient à remercier toutes les nombreuses personnes dont la bonne collaboration était de grande valeur lors de la préparation de ce livre. A mentionner M. J. Fauvet, M. Lafond, D. Lageiste, M. Lamouroux, pour leur aide, G. Page en gare de Darsac, S. Vidal en gare de Langeac, ainsi que le personnel des gares du Puy, Chapeauroux, Langogne, La Bastide, Prévenchères, Villefort, Chamborigaud et La Grand'Combe pour des renseignements détaillés. Un grand merci aussi aux services responsables de la SNCF à Clermont-Ferrand et Montpellier, pour la vérification efficace des listes d'ouvrages d'art, ce service ayant rendu possible la publication des listes complètes comme jamais notamment pour les lignes d'accès. Mes remerciements vont aussi à M. J. Blanchard, P. Le Calvé ainsi qu'à Mlle A. Lompré à la représentation commerciale de la SNCF à Berne, et à M. M. Boudes. A remercier en outre le Service de Presse SNCF, division Média ainsi que la rédaction de la Vie du Rail pour leur règlement rapide de la question d'autorisation de photographier et de celle de la reproduction d'un texte. Mon remerciement va, en outre, à Mme G. Chaptal, Chasseradès, pour le droit de réproduction de la photo rare d'un chasse-neige sur le viaduc de Mirandol.
Un grand remerciement aussi à Mme H. Marchand, traductrice, pour l'examen critique des textes rédigés en langue française par l'auteur.
Mes remerciements s'adressent aussi à l'Ott Verlag à Thoune pour les bons contacts et les conseils toujours compétents en cours de la réalisation de ce livre, et à M. M. Braun, Editions du Cabri, Breil-sur-Roya, pour l'organisation de la diffusion de cet ouvrage en France.
Enfin, mon remerciement particulièrement chaleureux est mérité à mon épouse Regula qui a fait non seulement preuve de beaucoup de compréhension pour un passe-temps un peu particulier de son mari, mais aussi qui a conduit la voiture lors des voyages nombreux et qui m'a assisté en outre dans la lecture des manuscrits et épreuves.

VERDANKUNGEN

Der Autor ist einer grossen Zahl von Personen zu Dank verpflichtet. Ohne ihre Hilfe wäre das vorliegende Buch kaum zu realisieren gewesen. Einen speziellen Dank für verschiedene Hilfeleistungen haben die Herren J. Fauvet, Lafond, D. Lageiste und M. Lamouroux verdient. Für zahlreiche Auskünfte danke ich den Herren G. Page im Bahnhof von Darsac und S. Vidal im Bahnhof von Langeac, sowie dem Bahnhofspersonal in Le Puy, Chapeauroux, Langogne, La Bastide, Prévenchères, Villefort, Chamborigaud und La Grand'Combe. Mein Dank geht auch an die SNCF-Dienststellen in Clermont-Ferrand und Montpellier, welche meine Kunstbautenlisten in speditiver Weise kontrolliert haben, was die Publikation von Verzeichnissen mit bisher nicht bekannter Genauigkeit besonders auch von den Zufahrtslinien erlaubt hat. Mein Dank geht ferner an die Herren J. Blanchard und P. Le Calvé sowie Frl. A. Lompré von der SNCF-Vertretung in Bern, und an Herrn M. Boudes, ferner an den Pressedienst der SNCF für die Regelung der mit dem Recht zum Fotografieren der Bahnanlagen verbundenen Fragen, und schliesslich an die Redaktion der Zeitschrift «La Vie du Rail» für das Abdrucksrecht an einem Text. Vielen Dank ausserdem an Frau G. Chaptal, Chasseradès, für das Abdrucksrecht an der Foto mit Seltenheitswert von der Schneeschleuder auf dem Viaduc de Mirandol.
Mein Dank geht weiter an Frau H. Marchand, Übersetzerin, für die kritische Durchsicht meiner französischen Texte, denen man immerhin ansah, dass Französisch nicht meine Muttersprache ist.
Meinen Dank haben auch die verantwortlichen Herren vom Ott Verlag, Thun, verdient, für die kompetente Beratung und die immer freundlichen Kontakte im Zusammenhang mit der Realisierung des Buchprojektes, und ebenso M. Braun, Editions du Cabri, Breil-sur-Roya, für die Organisation der Verteilung in Frankreich.
Mein grösster Dank geht jedoch an meine Frau Regula. Sie hat nicht nur viel Verständnis für eine nicht ganz gewöhnliche Freizeitbeschäftigung gezeigt, sondern sich auch als Chauffeuse auf Fotoreisen bewährt und schliesslich beim Durchlesen von Manuskripten und Fahnenabzügen unschätzbare Hilfe geleistet.

LITTERATURE
LITERATUR

Articles parus dans «La Vie du Rail»
Artikel aus «La Vie du Rail»

Livres / Bücher

Banaudo, José
Trains oubliés. Volume 2: Le P. L. M.
Menton, 1981, Les Editions du Cabri

Behrend, George
Eisenbahnferien in Frankreich. Traduit
de l'Anglais par Walter Trub.
Zurich, 1967, Orell Fussli Verlag

Caralp-Landon, R.
Les chemins de fer dans le Massif
Central. Paris, 1959, Librairie Armand
Colin

Defrance, Jacques
Le matériel moteur de la S. N. C. F. Paris,
1976, Editions «La Vie du Rail»

Edler von Leber, Max
Eisenbahnwesen in Frankreich zur Zeit
der Pariser Weltausstellung im Jahre
1878. Vienne, 1880, Verlag von
Carl Gerold's Sohn

Lartilleux, Henri
Géographie des chemins de fer
français. St-Ouën, Chaix-Desfossés-
Néogravure

Schneider, Ascanio
Gebirgsbahnen Europas. 3. Auflage.
Zurich, 1982, Orell Fussli Verlag

Vilain, Lucien M.
Les chemins de fer de montagne
français, tome 1. Paris, 1960,
Vigot Frères, Editeurs

Vapeur en montagne. Paris, 1982,
Tardy-Lengellé/Aprodef

Vincenot, Henri
Les voyages du Professeur Lorgnon.
Paris, 1968, Editions N. M. réédition:
Paris, 1983, Editions Denoël

Ligne des Cévennes

Avenas, Jean; Collardey, Bernard
Massif Central. La participation de la
S. N. C. F. au désenclavement. Amélio-
ration de la desserte du Massif Central.
No 1576, p. 7 et 9; No 1577, p. 39

La Lozère sous la neige. Dix jours de ba-
taille autour de La Bastide. No 1631, p. 4

Collardey, Bernard
Le Rail en Lozère. No 1544, p. 4

Ligne des Cévennes. Horaires du train
de nuit Paris–Nîmes. Réponse «Courrier
du Rail», No 1554, p. 2

Evolution de l'horaire du train de jour
Paris–Nîmes par le Bourbonnais et les
Cévennes. Réponse «Courrier du Rail»,
No 1597, p. 2

La circulation hivernale dans le Massif
Central. No 1631, p. 11

La ligne des Cévennes: technique et
exploitation. No 1791, p. 9

Collardey, Bernard; Caremantrant, Marc
Au pied des Cévennes: Transformations
et installations nouvelles. No 1891, p. 12

A. R.
Cent neuf ans d'exploitation sur la ligne
des Cévennes. No 1706, p. 4, No 1707,
p. 10

Brioude–St-Flour

V. P.
Ligne de Brioude à St-Flour (46 km).
Réponse «Courrier du Rail», No 1214,
p. 2

(Lyon–) St-Etienne–Le Puy– St-Georges-d'Aurac

Avenas, Jean
Entre Lyon et St-Etienne. Stelyrail,
cadences et conventions nouvelles.
No 1541, p. 4

Carrière, Bruno
Historique de la ligne de St-Just-sur-Loire
à Firminy. Réponse «Courrier du Rail»,
No 1673, p. 49

Carrière, Bruno; Collardey, Bernard
La ligne de St-Etienne au Puy. No 1894,
p. 41

Collardey, Bernard
Circulation reprise sur Le Puy–
St-Georges-d'Aurac. No 1643, p. 10

Emangard, P.-H.
Le tramway stephanois et ses prolon-
gements (St-Etienne). No 1888, p. 42